一　覧　表

JN119858

番号	文　書　の　種　類（物件名）	印紙税額（1通）	非課税物件
4	株券、出資証券若しくは社債券又は投資信託、貸付信託、特定目的信託若しくは受益証券発行信託の受益証券 （注）　1　出資証券には、投資証券を含みます。 　　　2　社債券には、特別の法律により法人の発行する債券及び相互会社の社債券を含みます。	記載された券面金額が 500万円以下のもの 500万円を超え1千 1千万円を超え5千 5千万円を超え1 1億円を超えるも （注）　株券、投資証券 　当たりの払込金額 　額を券面金額とし	
5	合併契約書又は吸収分割契約書若しくは新設分割計画書 （注）　1　会社法又は保険業法に規定する合併契約を証する文書に限ります。 　　　2　会社法に規定する吸収分割契約書又は新設分割計画を証する文書に限ります。	4万円	
6	定　　款 （注）　株式会社、合名会社、合資会社、合同会社又は相互会社の設立のときに作成される定款の原本に限ります。	4万円	株式会社又は相互会社の定款のうち公証人法の規定により公証人の保存するもの以外のもの
7	継続的取引の基本となる契約書 （注）　契約期間が3か月以内で、かつ、更新の定めのないものは除きます。 （例）　売買取引基本契約書、特約店契約書、代理店契約書、業務委託契約書、銀行取引約定書など	4千円	
8	預金証書、貯金証書	200円	信用金庫その他特定の金融機関の作成するもので記載された預入額が1万円未満のもの
9	倉荷証券、船荷証券、複合運送証券 （注）　法定記載事項の一部を欠く証書で類似の効用があるものを含みます。	200円	
10	保険証券	200円	
11	信用状	200円	
12	信託行為に関する契約書 （注）　信託証書を含みます。	200円	
13	債務の保証に関する契約書 （注）　主たる債務の契約書に併記するものは除きます。	200円	身元保証ニ関スル法律に定める身元保証に関する契約書
14	金銭又は有価証券の寄託に関する契約書	200円	
15	債権譲渡又は債務引受けに関する契約書	記載された契約金額が1万円以上のもの　200円 契約金額の記載のないもの　200円	記載された契約金額が1万円未満のもの
16	配当金領収証、配当金振込通知書	記載された配当金額が3千円以上のもの　200円 配当金額の記載のないもの　200円	記載された配当金額が3千円未満のもの
17	1　売上代金に係る金銭又は有価証券の受取書 （注）　1　売上代金とは、資産を譲渡することによる対価、資産を使用させること（権利を設定することを含みます。）による対価及び役務を提供することによる対価をいい、手付けを含みます。 　　　2　株券等の譲渡代金、保険料、公社債及び預貯金の利子などは売上代金から除かれます。 （例）　商品販売代金の受取書、不動産の賃貸料の受取書、請負代金の受取書、広告料の受取書など	記載された受取金額が 100万円以下のもの　200円 100万円を超え200万円以下のもの　400円 200万円を超え300万円以下　〃　600円 300万円を超え500万円以下　〃　1千円 500万円を超え1千万円以下　〃　2千円 1千万円を超え2千万円以下　〃　4千円 2千万円を超え3千万円以下　〃　6千円 3千万円を超え5千万円以下　〃　1万円 5千万円を超え1億円以下　〃　2万円 1億円を超え2億円以下　〃　4万円 2億円を超え3億円以下　〃　6万円 3億円を超え5億円以下　〃　10万円 5億円を超え10億円以下　〃　15万円 10億円を超えるもの　〃　20万円 受取金額の記載のないもの　200円	次の受取書は非課税 1　記載された受取金額が**5万円未満（※）**のもの 2　営業に関しないもの 3　有価証券、預貯金証書など特定の文書に追記した受取書 ※　平成26年3月31日までに作成されたものについては、記載された受取金額が3万円未満のものが非課税とされていました。
	2　売上代金以外の金銭又は有価証券の受取書 （例）　借入金の受取書、保険金の受取書、損害賠償金の受取書、補償金の受取書、返還金の受取書など	200円	
18	預金通帳、貯金通帳、信託通帳、掛金通帳、保険料通帳	1年ごとに　200円	1　信用金庫など特定の金融機関の作成する預貯金通帳 2　所得税が非課税となる普通預金通帳など 3　納税準備預金通帳
19	消費貸借通帳、請負通帳、有価証券の預り通帳、金銭の受取通帳などの通帳 （注）　18に該当する通帳を除きます。	1年ごとに　400円	
20	判取帳	1年ごとに　4千円	

（出所）国税庁ホームページ

その文書ここがポイント

印紙税

税理士
日比野享 著

一般財団法人 大蔵財務協会

は じ め に

　印紙税は、日々行われている経済取引に関連して作成される文書の中で、印紙税法に定められた特定の文書（課税文書といいます。）を課税の対象としています。

　この場合、原則として文書を作成した作成者自らが作成した文書について課税文書になるのかならないのか（課否判定といいます。）を判定し、課税文書になる時には、納付すべき印紙税額を算出し、印紙税相当額の収入印紙をその課税文書に貼付し、消印をすることにより納付することとしています。

　したがって、文書の作成者の方におかれましては、日常業務の中で作成される個々の文書について、課税文書になるのかならないのか、課税文書になるならば印紙税額がいくらになるのかを、文書を作成された方自らが判断をすることが必要になります。

　そこで、本書は日々行われている経済取引の中で、一般的に作成されることが多く、印紙税の取扱いにおいて間違いが散見される文書について、①課否判定（課税文書になるのかならないのか）、②記載金額（印紙税を納める時のもとになる金額）、③適用税額（いくらの印紙税を納付するのか）、④所属の決定（どの番号の課税文書になるのか）を中心に具体的な複数（2〜3）の文書事例（文書名は同じであるが記載内容が異なる文書）を対比し、前記の①から④のポイントを説明解説させていただきました。

　併せて「印紙税の過誤納還付制度」及び「印紙税調査における留意点」について掲載いたしました。

　本書が、課税文書の作成者の皆さま方にご利用いただき、少しでも

印紙税取扱いの手助けになれば幸いです。

　なお、本書は、筆者の実務経験等をもとに執筆したものであり、本文中の意見にわたる部分は、個人的見解であることをお断りしておきます。

　最後に、本書刊行の機会を与えてくださった一般財団法人大蔵財務協会の皆様に対しまして心から感謝申し上げます。

　令和２年１月

税理士　日 比 野　享

〔凡　例〕

本書中、使用した、法令、通達等については、それぞれ次の略語を用いています。

法……………………印紙税法

令……………………印紙税法施行令

措法…………………租税特別措置法

課税物件表…………印紙税法別表第1　課税物件表

通則…………………印紙税法別表第1　課税物件表の適用に関する通則

基通…………………印紙税法基本通達

基通別表第1………印紙税法基本通達別表第1　課税物件、課税標準及び税率の取扱い

基通別表第2………印紙税法基本通達別表第2　重要な事項の一覧表

第○号文書…………課税物件表の第○号に掲げる文書

例）第1号文書…課税物件表の第1号に掲げる文書

（以下第20号文書まで同じ）

㊟　令和元年（2019年）10月1日現在の法令通達によっています。

〔用　　語〕

　本書中、使用した、主な用語については、それぞれ次の内容を示しています。

課税文書………課税物件表に記載がある文書で非課税とならないものです（印紙税を納付しなければならない文書）

非課税文書……課税物件表に記載がある文書で印紙税を課さないものです（課税文書になるも法上印紙税を納付しなくてもよい文書）

不課税文書……課税物件表に記載がないものです（法上対象外となり印紙税を納付をしなくてもよい文書）

作　成　者………文書に記載された作成名義人です

納税義務者……課税文書の作成者で印紙税を納付する義務のある者です

連帯納税義務…一つの文書を2人以上の者が共同して作成した場合にはその2人以上の者は、その作成した課税文書について、連帯して印紙税を納付する義務があることです
　　　　　　　　この場合、そのうちの1人がその課税文書に係る印紙税を納付したときは、他の者の納税義務は消滅します

記載金額………その文書に記載されている契約金額、券面金額その他その文書の契約の成立等において、直接証明の目的となっている金額です（階級税率が適用される文書における判定金額になります）

印紙貼付………印紙税を納付する際、収入印紙を貼付することです

消　　印………課税文書の作成者が収入印紙を貼付をした場合に、その課税文書と収入印紙の彩紋とにかけて印章又は署名で収入印紙を消すことです（消印をして印紙税納付が完了します）

重要事項………基通別表第2に定められた、それぞれの文書ごとの課税対象となる事項をいいます（課税事項ともいいます）

本則税率………課税物件表に定められている課税標準及び税率をいいます

軽減措置………措法第91条の規定により、平成9年4月1日から令和2年3月31日までの間に作成される第1号の1文書（不動産の譲渡に関する契約書）の税率は、法に定める税率（本則税率）にかかわらず軽減措置が適用されることです

　　　　　　　措法第91条の規定により、平成9年4月1日から令和2年3月31日までの間に作成される第2号文書（請負に関する契約書）のうち建設業法第2条第1項に規定する建設工事の請負に係る契約に基づき作成されるものは、法に定める税率（本則税率）にかかわらず軽減措置が適用されることです

所属の決定……一つの文書で、課税物件表の2以上の号に該当する場合に1の号に所属を決定することです

原　契　約………当初契約ともいい、最初に結んだ契約のことです

《目　次》

〔第1章　文例による課否判定等〕

第2号文書関係

第7号文書関係

第13号文書関係

第14号文書関係

第17号文書関係

〔第2章　印紙税過誤納還付制度及び交換制度〕

〔第3章　印紙税調査のポイント〕

〔巻末資料〕

第1章

文例による課否判定等

　この章では、一般的に、作成されることが多いと思われる文書について文書名は
同じであるが記載内容が異なる文書を対比する形式で「文例」として掲げ、その印
紙税法上の取扱いについて以下に基づいて説明等しています。

① 文　　　　　　例………契約書等の具体的な記載例です
② 課 否 判 定 等………「①文例」の印紙税法上の取扱い課否判定等結果です。
③ チェックポイント………課否判定等に至る内容を記載しています。
④ 解　　　　　　説………取扱い、課否判定等における説明等を記載しています。

　併せて、文書作成における留意事項等をアドバイスとして、課否判定等を行う際
に適用する関係法令等を記載するとともに、主要な文書については、課否判定等を
行う際の流れをフローチャートとして記載しています。

○課否判定等フローチャート

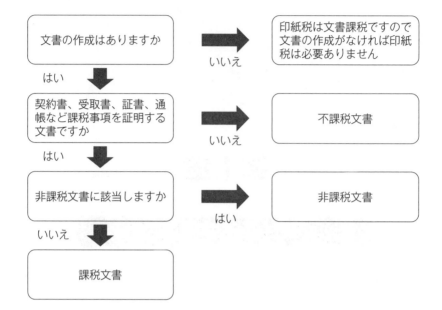

課税文書に関する基本的事項

1　課税文書とは

　　法別表第1の課税物件表に掲げられている20種類の文書に課税事項を証明する目的で作成された文書のうち「非課税文書」に該当しない文書

2　非課税文書とは

① 課税物件表の非課税物件欄に規定する文書

② 国、地方公共団体又は法別表第2に掲げる者が作成した文書

③ 法別表第3の上欄に掲げる文書で同表の下欄に掲げる者が作成した文書

④ 特別の法律により非課税とされる文書

3　課税文書に該当するかの判断

①　その文書の内容として記載されている個々の事項について検討し、その個々の事項の中に一つでも課税事項が含まれていれば、課税文書となります。

②　単に、文書の名称又は呼称及びその形式的な記載文言によることなく、その記載文言の実質的な意義に基づいて判断します。

4　他の文書を引用している場合

原則として、引用している部分はその文書に記載されているものとして判断します。

ただし、記載金額及び契約期間は、その文書に記載されているもののみに基づいて判断します。

5　仮契約書や仮領収書等

仮契約書や仮領収書であっても課税事項を証明するものは課税文書になります。

この取扱いは、後日、正式な契約書や領収書が作成されるか否かに関係ありません。

ワンポイント　**印紙税って？**

印紙税法に定められた税のみをいいます。

印紙税の対象となるものは、その経済取引において、作成された文書です。

①　文書なければ課税なし

②　1取引1課税ではなく、1文書1課税です。…**「文書課税」**

同一取引で課税文書が数通、数回、作成されれば、何通、何回でも課税されます。

第1号文書関係

文例1 土地売買契約書（契約書・記載金額の計算①）

土地売買契約書

〇〇年 〇月 〇日

第1条 甲株式会社と株式会社乙は土地売買契約を締結する。

第2条 売買金額 1平方メートル当たり50万円とする。

（中略）

記

愛知県瀬戸市〇〇町〇番地 宅地 100平方メートル

（中略）

売主 甲株式会社

買主 株式会社乙

【課否判定等】

・課税物件表の第1号の1文書（不動産の譲渡に関する契約書）に該当

・記載金額 5,000万円

・印紙税額 10,000円

✓ **チェックポイント**

① 作 成 者………売主甲株式会社及び買主株式会社乙

② 内 容………土地の売買契約書

③ 記載金額………5,000万円（売買金額）

　　　　　　　　　1平方メートル当たりの金額（50万円）とその面積（100平方メートル）を乗じた金額になります。

④ 判 定………記載金額を5,000万円とする第1号の1文書になります。

⑤ 印紙税額………10,000円

　　　　　　　　　課税物件表第1号文書の印紙税額欄にある記載された契約金額が「1,000万円を超え5,000万円以下」の間になります。

　　　　　　　　　なお、この場合の印紙税額は、軽減措置が適用されますので、印紙税額は10,000円になります。

　売主甲株式会社及び買主株式会社乙の共同作成による課税文書になりますので甲株式会社及び株式会社乙が連帯納税義務者として収入印紙貼付及び消印をすることになります。

文例2　覚書（契約書とは・記載金額の計算）

覚　　書

○○年　○月　○日

第1条　　甲株式会社と株式会社乙は土地売買契約を締結する。

第2条　　売買金額　　1平方メートル当たり50万円とする。

（中略）

記

　　　愛知県瀬戸市○○町○番地　　宅地　100平方メートル

（中略）

売主　甲株式会社

買主　株式会社乙

【課否判定等】

・課税物件表の第1号の1文書（不動産の譲渡に関する契約書）に該当

・記載金額　　5,000万円

・印紙税額　　10,000円

✓ チェックポイント

① 作　成　者………売主甲株式会社及び買主株式会社乙

② 内　　　容………覚書は契約書になります。

　　　　　　　　　　印紙税法上の契約書とは、その文書の名称のいかんを問わず、その文書の内容により判定することが必要になります。

③ 記載金額………5,000万円（売買金額）

　　　　　　　　　　1平方メートル当たりの金額（50万円）とその面積（100平方メートル）を乗じた金額になります。

④ 判　　　定………土地売買契約の成立を証明する目的で作成したもの

　　　　　　　　　　記載金額を5,000万円とする第1号の1文書になります。

⑤ 印紙税額………10,000円

　　　　　　　　　　課税物件表第1号文書の印紙税額欄にある記載された契約金額が「1,000万円を超え5,000万円以下」の間になります。

　　　　　　　　　　なお、この場合の印紙税額は、軽減措置が適用されますので、印紙税額は10,000円になります。

　売主甲株式会社及び買主株式会社乙の共同作成による課税文書になりますので、甲株式会社及び乙株式会社が連帯納税義務者として収入印紙貼付及び消印をすることになります。

【解　説】

　「土地売買契約書」は、課税物件表の第1号の1文書（不動産の譲渡に関する契約書）に該当します。

　課税物件表の第1号文書の欄を見ますと、その文書に記載された契約金額に応じた印紙税額が定められていることから、その文書に記載された契約金額により、納付する印紙税額を判定することになります。

　ただし、「不動産の譲渡に関する契約書」については、平成9年4月1日から軽減措置が適用され、現行は平成26年4月1日改正の軽減措置を適用することになります。

　なお、ここにいう「契約書」とは、契約証書、協定書、覚書、念書、約定書その他名称のいかんを問わず契約当事者の間で作成する文書で、

①　契約（その予約を含みます。）の成立、更改の事実を証明する目的で作成する文書

②　契約の内容の変更又は補充の事実を証明する目的で作成する文書

③　念書、請書その他契約当事者の一方のみが作成する文書又は契約当事者の全部若しくは一部の署名を欠く文書で、当事者間の了解又は商慣習に基づき契約の成立等を証する文書

を含むとしています。

　「契約」とは、二以上の当事者の意思の合致によって成立する法律行為をいい、一般的に一方の当事者の申込みに対して他方の当事者が承諾することにより成立します。

　「更改」とは、既にある債務を消滅させて新たな債務を成立させることをいいます。

　「変更」とは、既にある契約（原契約）の同一性を失わせないで、その内容を変更することをいいます。

　「補充」とは、原契約の内容として欠けている事項を補充することをい

います。

　また、単価と数量等により「記載金額」が計算できる場合はその計算した結果の金額がその契約書の記載金額となります。

　関係法令等

・課税物件表第 1 号の 1 文書

・通則 5

・基通第12条、第14条、第15条、第16条、第17条、第18条、第44条 2 (2)

　ワンポイント　「…の譲渡に関する契約書」って？

　資産、権利その他の財産をその同一性を保持したまま他人に移転させることをいい、譲渡することについて対価を受けるかどうかは問いません。

　例示として、売買契約書、交換契約書、贈与契約書、代物弁済契約書、法人等に対する現物出資契約書、寄付行為書等のほか競売、公売、収用、物納等に伴って作成される契約書など所有権等の権利の移転を内容とする契約書はすべて含まれます。

文例3　土地売買契約書（契約書・記載金額の計算②）

土地売買契約書

〇〇年　〇月　〇日

第1条　　甲と株式会社乙は土地売買契約を締結する。

第2条　　売買金額　　1平方メートル当たり50万円とする。

（中略）

記

愛知県瀬戸市〇〇町〇番地　　宅地　100平方メートル

（中略）

売主　甲

買主　株式会社乙

【課否判定等】

・課税物件表の第1号の1文書（不動産の譲渡に関する契約書）に該当

・記載金額　　5,000万円

・印紙税額　　10,000円

✓ チェックポイント

① 作成者………売主甲及び買主株式会社乙

② 内　　容………土地の売買契約書

③ 記載金額………5,000万円（売買金額）

　　　　　　　　　　1平方メートル当たりの金額（50万円）とその面積（100平方メートル）を乗じた金額になります。

④ 判　　定………記載金額を5,000万円とする第1号の1文書になります。

⑤ 印紙税額………10,000円

　　　　　　　　　課税物件表第1号文書の印紙税額欄にある記載された契約金額が「1,000万円を超え5,000万円以下」の間になります。

　　　　　　　　　なお、この場合の印紙税額は、軽減措置が適用されますので、印紙税額は10,000円になります。

　売主甲及び買主株式会社乙の共同作成による課税文書になりますので、甲及び乙株式会社が連帯納税義務者として収入印紙貼付及び消印をすることになります。

　売主甲は、営業者であるかどうかに関わらず納税義務者になります。

文例4 覚書（記載金額の変更）

覚　書

〇〇年　〇月　〇日

　甲と株式会社乙は〇〇年〇月〇日に締結した土地売買契約書第2条に規定する売買金額を1平方メートル当たり50万円から60万円に増額する。

（中略）

記

愛知県瀬戸市〇〇町〇番地　　宅地　100平方メートル

（中略）

売主　甲

買主　株式会社乙

【課否判定等】

・課税物件表の第1号の1文書（不動産の譲渡に関する契約書）に該当

・記載金額　　1,000万円

・印紙税額　　5,000円

✓ チェックポイント

① 作 成 者………売主甲及び買主株式会社乙

② 内　　容………覚書は契約書になります。

　　　　　　　　　印紙税法上の契約書とは、その文書の名称のい
　　　　　　　　かんを問わず、その文書の内容により判定するこ
　　　　　　　　とが必要になります。

③ 記載金額………1,000万円

　　　　　　　　原契約にある単価50万円を60万円に増額

　　　　　　　　60万円－50万円＝10万円（増額金額）に面積
　　　　　　　　100平方メートルを乗じた1,000万円が記載された
　　　　　　　　記載金額となります。

④ 判　　定………土地売買契約の売買金額の変更を証明する目的で
　　　　　　　　作成したもの

　　　　　　　　　記載金額を1,000万円とする第１号の１文書に
　　　　　　　　なります。

⑤ 印紙税額………5,000円

　　　　　　　　　課税物件表第１号文書の印紙税額欄にある記載
　　　　　　　　された契約金額が「500万円を超え1,000万円以
　　　　　　　　下」の間になります。

　　　　　　　　　なお、この場合の印紙税額は、軽減措置が適用
　　　　　　　　されますので、印紙税額は5,000円になります。

　売主甲及び買主株式会社乙の共同作成による課税文書になりますの
で、甲及び株式会社乙が連帯納税義務者として収入印紙貼付及び消印
をすることになります。

　売主甲は、営業者であるかどうかに関わらず納税義務者になります。

【解　　説】

　変更契約又は補充契約書は、基通別表第2に掲げる一定の重要事項を変更又は補充する文書だけが、課税されます。(印紙貼付が必要)

　契約金額は、その重要な事項に該当することから「土地売買契約書」の原契約書に限らず、契約金額を変更する契約書は課税文書となりその記載金額は、それぞれ次のようになります。

①　変更前の契約金額を記載した契約書が作成されていることが明らかな場合

　イ　その変更契約書に変更金額が記載されているとき

　　(イ)　変更前の契約金額を増額させるものはその増額金額が記載金額となります。

　　　例示　土地売買変更契約書に

　　　　　　1　○年○月○日付土地売買契約書の売買金額1,000万円を100万円増額すると記載したもの

　　　　　　2　○年○月○日付土地売買契約書の売買金額1,000万円を1,100万円に増額すると記載したもの

　　　　⇒　1・2いずれも記載金額100万円の第1号の1文書になります。

　　(ロ)　変更前の契約金額を減額させるものは、記載金額のないものとなります。

　　　例示　土地売買変更契約書に

　　　　　　1　○年○月○日付土地売買契約書の売買金額1,000万円を100万円減額すると記載したもの

　　　　　　2　○年○月○日付土地売買契約書の売買金額1,000万円を900万円に減額すると記載したもの

　　　　⇒　1・2いずれも記載金額のない第1号の1文書になります。

　ロ　変更後の契約金額のみが記載され、変更金額が明らかでないとき

変更後の契約金額が記載金額となります。

　例示　土地売買変更契約書に

　　　　1　○年○月○日付土地売買契約書の売買金額を900万円に変
　　　　　更すると記載したもの

　　　⇒　記載金額900万円の第1号の1文書になります。

②　変更前の契約金額を記載した契約書が作成されていることが明らか
　でない場合

　イ　変更後の契約金額が記載されているもの

　　　その変更後の契約金額が、その文書の記載金額となります。

　例示　土地売買変更契約書に

　　　　1　当初の売買金額1,000万円を100万円増額（又は減額）する
　　　　　と記載したもの

　　　　2　当初の売買金額を1,100万円（又は900万円）に変更すると
　　　　　記載したもの

　　　⇒　1・2いずれも記載金額1,100万円(又は900万円)の第1号の
　　　　1文書になります。

　ロ　変更金額のみが記載されているとき

　　　その変更後の契約金額が記載金額となります。

　例示　土地売買変更契約書に

　　　　1　当初の売買金額を100万円増額(又は減額)すると記載したもの

　　　⇒　記載金額100万円の第1号の1文書（減額も同じ）になります。

関係法令等

・通則4ニ

・基通第30条

・基通別表第2　1

文例5 土地売買契約書（写し）

コピーしたもの

土地売買契約書

印紙

○○年　○月　○日

第1条　　甲株式会社と株式会社乙は土地売買契約を締結する。

第2条　　売買金額　　50,000,000円

（中略）

売主　甲株式会社

買主　株式会社乙

【課否判定等】

・不課税文書

✓ チェックポイント

① 内　　容………「契約書」の正本を複写機でコピーしたもの

② 判　　定………<u>正本をコピーしただけのものやFAX受信したもの等は、どんなに精巧なものであっても単なる写しにすぎないので、課税文書とはなりません。</u>

文例 6　土地売買契約書（原本証明）

コピーしたもの

土地売買契約書

〇〇年　〇月　〇日

第 1 条　　甲株式会社と株式会社乙は土地売買契約を締結する。

第 2 条　　売買金額　　50,000,000円

（中略）

売主　甲株式会社　㊞

買主　株式会社乙　㊞

<u>当契約書は原本と相違ありません。</u>

売主　甲株式会社　㊞

買主　株式会社乙　㊞

【課否判定等】

・課税物件表の第 1 号の 1 文書（不動産の譲渡に関する契約書）

・記載金額　5,000万円

・印紙税額　10,000円

✓ チェックポイント

① 作 成 者………売主甲株式会社及び買主株式会社乙

② 内　　　容………契約書を複写機でコピーしたものに、「原本と相
違ない」と契約書当事者双方が証明しているもの
は、単なる「写し」とはならず、契約の成立を証
明する目的で作成された文書になります。

③ 記載金額………5,000万円（売買金額）

④ 判　　　定………記載金額を5,000万円とする第 1 号の 1 文書に該
当します。

⑤ 印紙税額………課税物件表第 1 号文書の印紙税額欄にある記載さ
れた契約金額が「1,000万円を超え5,000万円以
下」の間になります。

　　　　　　　　　なお、この場合の印紙税額は、軽減措置が適用
されますので、印紙税額は10,000円になります。

　売主甲株式会社及び買主株式会社乙の共同作成による課税文書にな
りますので、甲株式会社及び株式会社乙が連帯納税義務者として収入
印紙貼付及び消印をすることになります。

【解　　説】

　取引において、契約書に写し、副本、謄本などと表示される場合におい
て次のようなものは、「契約書」に該当し、課税事項の記載があれば課税
文書となります。

　① 契約当事者の署名又は押印があるもの

　② 正本や原本などと相違ないことの契約当事者の証明があるもの

　③ 写し・副本・謄本であることの契約当事者の証明（正本等との割印

を含みます）のあるもの

　ただし、いずれも文書の所持者のみが署名、押印、又は証明しているものは除かれます。

　これは、自分の所持する文書に自分のみの署名、押印等しても一種の自分証明であり、契約相手方当事者に対して証明の用にならないことから、契約の成立を証明する目的で作成する文書と認められないからです。

　なお、契約書を複写機でコピーしたもので、上にあるような署名、押印、又は証明のないものは契約書にならないことから課税文書になりません。

（関係法令等）

・基通第19条 2

文例7　土地売買契約書（国内作成）

土地売買契約書

印紙

　　　　　　　　　　　　　　　　　　○○年　○月　○日

　第1条　　甲株式会社とX株式会社は土地売買契約を締結する。

　第2条　　売買金額　　50,000,000円

　　　　　　　　　　　　（中略）

　　　　　　　　　　　　　　　　　売主　甲株式会社

　　　　　　　　　　　　　　　　　買主　X株式会社

【課否判定等】

・課税物件表の第1号の1文書（不動産の譲渡に関する契約書）に該当

・記載金額　5,000万円

・印紙税額　10,000円

✓ チェックポイント

① 作 成 者………売主甲株式会社及び買主Ｘ株式会社

② 内　　　容………土地の売買契約書

③ 記載金額………5,000万円（売買金額）

④ 判　　　定………記載金額を5,000万円とする第１号の１文書になります。

⑤ 印紙税額………10,000円

　　　　　　課税物件表第１号文書の印紙税額欄にある記載された契約金額が「1,000万円を超え5,000万円以下」の間になります。

　　　　　　なお、この場合の印紙税額は、軽減措置が適用されますので、印紙税額は10,000円になります。

　売主甲株式会社及び買主Ｘ株式会社の共同作成による課税文書になりますので、甲株式会社及びＸ株式会社が連帯納税義務者として収入印紙貼付及び消印をすることになります。

文例8 土地売買契約書（国外作成）

土地売買契約書

| 印紙 |
| 不要 |

〇〇年 〇月 〇日

第1条 甲株式会社とX株式会社は土地売買契約を締結する。

第2条 売買金額 50,000,000円

（中略）

売主 甲株式会社

買主 X株式会社

作成場所 中国上海市 X株式会社本店

【課否判定等】

・不課税文書

✓ チェックポイント

① 内 容………作成場所を国外（中国上海市）とする土地売買契約書

② 判 定………契約書の作成場所が国外であることが明記されていることから国内法である印紙税法の適用がなく、印紙税の課税関係は発生しません。

　　　したがって、課税文書の作成が国外で行われる場合には、その文書に基づく権利の行使が国内で行われるとしても、また、その文書の保存が国内

で行われるとしても印紙税は課税されません。

売買される土地が国内に所在するものであって

も、作成された契約書を国内で保存されていても

収入印紙貼付の必要がありません。

【解　　説】

　印紙税法の課税文書の作成とは、単なる課税文書の調製行為をいうのではなく、課税文書となるべき用紙等に課税事項を記載し、その目的に従って行使することをいいます。

　契約書のように当事者の意思の合致を証明する目的で作成する課税文書は、その意思の合致、一般的には契約当事者双方が署名押印するときにその意思の合致を証明するときになります。

①　契約当事者のうち国内法人等が課税事項を記載し、これに署名押印した段階では、まだ、契約当事者の意思の合致を証明することにはならず、相手方である国外法人等が署名等（国外で実施）するときに課税文書が作成されたことになります。

　その場合、作成場所は国外（法施行地域外）ですから、印紙税法の適用はありません。

②　国外で作成し返送された1通の契約書は国内において保存されることになりますから、いつ・どこで作成されたことを明らかにしておかないと、印紙貼付されていない契約書について印紙貼付もれではないかと疑義が生じることもありますので、国外で作成したにも関わらず契約書上作成場所が記載されていない場合、国外で作成した事を付記しておく等の措置が必要になります。

③　国外において国外法人等が文書の調製を行い、国外法人等が署名等をした上で国内へ送付され国内法人等が署名等をして、意思の合致を

　　証明する場合には、国内法人等が所持保管するものだけでなく、国外
　　法人等に返送する契約書にも収入印紙貼付する必要があります。

④　文書上、国外で作成されたことが記載されていても、現実に日本国
　　内で作成される課税文書には当然収入印紙貼付をしなければなりませ
　　ん。

⑤　日本国内で作成された課税文書であれば、作成者の国籍等に関係な
　　く印紙税法が適用され、収入印紙貼付をしなければなりません。

関係法令等

・基通第49条

ひとくちメモ　こんな業種にこんな文書が【不動産業編】

第1号の1文書…不動産売買契約書、覚書、念書、購入申込書

第1号の2文書…土地賃貸借契約書

第1号の3文書…建物賃貸借契約書（建設協力金等記載あり）

第2号文書………工事請負契約書、注文書、注文請書、建物管理委託
　　　　　　　　契約書

第7号文書………○○取引基本契約書

第17号の1文書…仮領収書、領収書、お預り証

第19号文書………家賃通帳

　㊟　一般的に作成が見込まれる文書を掲載しました、実際の課否判
　　定はその記載内容を確認する必要がありますのでご留意ください。

ワンポイント　　**国等と共同して作成した文書**

　国、地方公共団体又は非課税法人と共同作成される文書については国等が保存するものは国等以外の者が作成したものとみなし、国等以外の者が保存するものは国等が作成したものみなします。

　例えば、土地売買契約書を国等と株式会社が作成

・国等が保存する文書…株式会社が作成したものとして課税文書

・株式会社が保存する文書…国等が作成したものとして非課税文書

文例9　土地賃貸借契約書（記載金額あり）

土地賃貸借契約書

　　　賃貸人　（甲）
　　　賃借人　（乙）

　上記当事者間において、土地の賃貸借をするため次のとおり契約する。

第1条　　賃貸人（甲）は、その所有する下記表示の土地を賃借人
　　　　　（乙）に賃貸し、資材置き場として使用させることを約し、
　　　　　賃借人（乙）は、これを賃借し所定の賃料を支払うことを
　　　　　約した。

　　　　　土地所在地　　　県　　市　　町　　丁目　　番地
　　　　　（雑種地）　　　150平方メートル

第2条　　賃料は、毎月50万円とし、賃借人（乙）は当月分をその末
　　　　　日までに、賃貸人（甲）へ持参し支払うものとする。

第3条　　賃借人（乙）は、賃貸人（甲）に対し敷金として金50万円
　　　　　を　　年　　月　　日までに預け入れなければならない。

第4条　　<u>賃借人（乙）は、賃貸人（甲）に対し権利金として金50万</u>
　　　　　<u>円を　　年　　月　　日までに支払わなければならない。</u>

第5条　　賃貸借の契約期間は、この契約締結日から　　年　　月
　　　　　日までとする。

　　　　　　　　　　　　　（中略）

　以上の契約を証するため本契約書を2通作成し、甲及び乙が各自自
署押印し、各1通を保管する。

　　　年　　月　　日

　　　　　　　　　　賃貸人　（甲）
　　　　　　　　　　賃借人　（乙）

【課否判定等】

・課税物件表の第1号の2文書（土地の賃借権の設定に関する契約書）に該当
・記載金額　50万円
・印紙税額　400円

✓ チェックポイント

① 作　成　者………賃貸人甲及び賃借人乙

② 内　　　容………賃料及び敷金並びに権利金の各金額の記載ある、土地賃貸借契約書

③ 記載金額………50万円

　　　　　　　　　<u>「権利金」に代表される、賃借人から賃貸人に交付され返却を予定しない金額になります。</u>

　　　　　　　　　「文例9」の場合は、第4条に規定する権利金50万円が記載金額になります。

④ 判　　　定………記載金額50万円の第1号の2文書になります。

⑤ 印紙税額………課税物件表第1号文書の印紙税額欄にある「記載された契約金額が10万円を超え50万円以下」の間になります。

　　　　　　　　　なお、第1号の2文書は軽減措置の対象となりませんから本則税率の400円になります。

　賃貸人甲と賃借人乙の共同作成による課税文書になりますので、賃貸人甲及び賃借人乙が連帯納税義務者として収入印紙貼付及び消印をすることになります。

文例10　土地賃貸借契約書（記載金額なし）

土地賃貸借契約書

　　　　賃貸人　（甲）
　　　　賃借人　（乙）

　上記当事者間において、土地の賃貸借をするため次のとおり契約する。

第1条　賃貸人（甲）は、その所有する下記表示の土地を賃借人（乙）に賃貸し、資材置き場として使用させることを約し、賃借人（乙）は、これを賃借し所定の賃料を支払うことを約した。

　　　　土地所在地　　　県　　市　　町　　丁目　　番地
　　　　（雑種地）　　　150平方メートル

第2条　賃料は、毎月50万円とし、賃借人（乙）は当月分をその末日までに、賃貸人（甲）へ持参し支払うものとする。

第3条　<u>賃借人（乙）は、賃貸人（甲）に対し敷金として金50万円を　　年　　月　　日までに預け入れなければならない。</u>
　　　　<u>なお、この敷金は契約満了時に返還する。</u>

第4条　賃貸借の契約期間は、この契約締結日から　　年　　月　　日までとする。

　　　　　　　　　　　　（中略）

　以上の契約を証するため本契約書を2通作成し、甲及び乙が各自自署押印し、各1通を保管する。

　　　年　　月　　日

　　　　　　　　　賃貸人　（甲）
　　　　　　　　　賃借人　（乙）

【課否判定等】

・課税物件表の第1号の2文書（土地の賃借権の設定に関する契約書）に
　該当
・記載金額　なし
・印紙税額　200円

```
✓ チェックポイント
```

① 作 成 者………賃貸人甲及び賃借人乙

② 内　　容………賃料及び敷金の金額の記載ある、土地賃貸借契約書

③ 記載金額………なし

　　　　　　　　記載金額になるのは「権利金」に代表される、
　　　　　　　賃借人から賃貸人に交付され返却を予定しない金
　　　　　　　額になります。

　　　　　　　　「文例10」の場合は、第2条に規定する「賃
　　　　　　　料」及び第3条に規定する「敷金」は、いずれも
　　　　　　　記載金額になりません

④ 判　　定………記載金額のない第1号の2文書になります。

⑤ 印紙税額………課税物件表第1号文書の印紙税額欄にある「契約
　　　　　　　金額の記載のないもの」になります。

　　　　　　　　印紙税額は200円になります。

　賃貸人甲と賃借人乙の共同作成による課税文書になりますので、賃
貸人甲及び賃借人乙が連帯納税義務者として収入印紙貼付及び消印を
することになります。

文例11　土地賃貸借変更契約書（賃料変更）

土地賃貸借変更契約書

　　　　賃貸人　（甲）

　　　　賃借人　（乙）

　上記当事者間において、　年　月　日に結んだ土地賃貸者契約書（以下「原契約書」という）について、次のとおり変更する。

　原契約書第２条に定める賃料について、毎月50万円を毎月60万に変更する。

　なお、変更後の賃料については、　　年　　月　　日から実施する。

　　　　　　　　　　　　（中略）

　以上の契約を証するため本契約書を２通作成し、甲及び乙が各自自署押印し、各１通を保管する。

　　　　年　　月　　日

　　　　　　　　　　賃貸人　（甲）

　　　　　　　　　　賃借人　（乙）

【課否判定等】

・課税物件表の第１号の２文書（土地の賃借権の設定に関する契約書）に該当

・記載金額　なし

・印紙税額　200円

✓ **チェックポイント**

① 作 成 者………賃貸人甲及び賃借人乙

② 内　　容………賃料を変更する、土地賃貸借変更契約書

③ 記載金額………なし

　　　　　　　　　記載金額になるのは「権利金」に代表される、賃借人から賃貸人に交付され返却を予定しない金額になります。

　　　　　　　　　「文例11」の場合は、<u>変更するのは「賃料」のみであり記載金額になりません</u>

④ 判　　定………第１号の２文書の重要事項である、「賃料」を変更するものであり、記載金額のない第１号の２文書になります。

⑤ 印紙税額………課税物件表第１号文書の印紙税額欄にある「契約金額の記載のないもの」になります。

　　　　　　　　　印紙税額は200円になります。

　賃貸人甲と賃借人乙の共同作成による課税文書になりますので、賃貸人甲及び賃借人乙が連帯納税義務者として収入印紙貼付及び消印をすることになります。

文例12　土地使用貸借契約書（土地の無償貸借）

土地使用貸借契約書

　　　　所有者　（甲）
　　　　使用者　（乙）

　上記当事者間において、土地の使用貸借をするため次のとおり契約する。

第1条　　所有者（甲）は、下記表示の土地を使用者（乙）に貸付、資材置き場として使用することを約した

　　　　　土地所在地　　　県　　市　　町　　丁目　　番地
　　　　　（雑種地）　　　150平方メートル

　　　　　　　　　　　　（中略）

第5条　　契約期間は、この契約締結日から　　年　　月　　日までとする。

　以上の契約を証するため本契約書を2通作成し、甲及び乙が各自自署押印し、各1通を保管する。

　　　　年　　月　　日

　　　　　　　　　　　　（甲）
　　　　　　　　　　　　（乙）

【課否判定等】

・不課税文書

✔ チェックポイント

①　作成者………賃貸人甲及び賃借人乙

②　内　容………土地を無償で貸与する契約書

③　判　定………土地を無償で貸与する、いわゆる「使用貸借」は、課税物件表にありませんので、不課税文書になり収入印紙貼付の必要はありません。

【解　説】

　「土地賃貸借契約書」は、課税物件表の第1号の2文書（土地の賃借権の設定に関する契約書）に該当し、課税文書になります。

　また、課税物件表の第1号文書の欄を見ますと、その文書の記載金額に応じた印紙税額が定められていることから、その文書に記載された契約金額により、納付する印紙税額を判定することになります。

　第1号の2文書に該当する「土地賃貸借契約書」の場合、印紙税額の判定となる記載された記載金額とは、土地の賃借権の設定の対価である金額、すなわち、権利金、更新料、その他名称のいかんを問わず契約に際して相手方当事者（賃貸人＝地主）に支払い、後日、返還されることが予定されていない金額のすべてをいいます。

　ただし、記載された権利金等の金額が10,000円未満のものは、課税物件表の第1号文書の非課税文書欄に記載あるように非課税文書となります。

　したがって、後日返還が予定されている保証金、敷金などや権利の使用料である賃料は、記載金額には該当しません。

　以上のことから、権利金の記載がある「文例9」は、50万円を記載金額とし、400円の収入印紙を貼付し、また、敷金、賃料の記載しかない「文例10」は、記載金額がないものとして、200円の収入印紙をそれぞれ貼付します。

　なお、「文例9」及び「文例10」の場合の納税義務者は、賃貸人と賃借人となり、作成する契約書についてはそれぞれ2通ともに収入印紙貼付が必要となります。

　また、賃料を変更する契約書についても重要事項になりますので、第1号の2文書として収入印紙貼付が必要になります。ただし、賃料は記載金額になりませんので印紙税額は200円になります。

関係法令等

・基通第23条(2)

・基通別表第1第1号の2文書2、3

○土地賃貸借契約書の課否判定等フローチャート

記載金額あり
（賃料・保証金・権利金等）

いいえ

使用貸借契約書として不課税文書

はい

権利金・更新料等後日返還が予定されていない金額の記載あり

いいえ

記載金額のない第1号の2文書
　　　200円の印紙貼付

はい

記載された金額は
1万円以上か

いいえ

記載された金額が1万円未満のものは非課税文書

はい

権利金・更新料等後日返還が予定されていない金額を記載金額とする第1号の2文書

権利金・更新料等の金額に応じた収入印紙貼付

文例13　駐車場賃貸借契約書（土地の賃貸借）

駐車場賃貸借契約書

　　　　賃貸人　（甲）
　　　　賃借人　（乙）

　上記当事者間において、次のとおり契約する。

第１条　　賃貸人（甲）は、その所有する下記表示の土地を賃借人（乙）に賃貸し、駐車場として使用することを約し、賃借人（乙）は、これを賃借し所定の賃料を支払うことを約した。
　　　　　土地所在地　　　県　　市　　町　　丁目　　番地
　　　　　（雑種地）　　　　10平方メートル

第２条　　賃料は、毎月50万円とし、賃借人（乙）は当月分をその末日までに、賃貸人（甲）へ持参し支払うものとする。

第３条　　賃借人（乙）は、賃貸人（甲）に対し保証金として金50万円を　　年　　月　　日までに預け入れなければならない。なお、この保証金は契約満了時に返還する。

第４条　　賃借人（乙）は、賃貸人（甲）に対し権利金として金50万円を　　年　　月　　日までに支払わなければならない。

第５条　　賃貸借の契約期間は、この契約締結日から　　年　　月　　日までとする。

　　　　　　　　　　　　（中略）

　以上の契約を証するため本契約書を２通作成し、各当事者が各自署名押印し、各１通を保管する。
　　　　年　　月　　日
　　　　　　　　　　賃貸人　（甲）
　　　　　　　　　　賃借人　（乙）

【課否判定等】

・課税物件表の第１号の２文書（土地の賃借権の設定に関する契約書）に

　該当

・記載金額　50万円

・印紙税額　400円

✓ チェックポイント

① 作 成 者………賃貸人甲及び賃借人乙

② 内 　 容………「駐車場賃貸借契約書」となっていますが、土地
を賃借りし、駐車場として使用することを約する
文書。

　　　　　　　　　　その賃貸借の目的物は<u>土地</u>であることから第1
号の2文書になります。

③ 記載金額………50万円

　　　　　　　　　　「権利金」に代表される、賃借人から賃貸人に
交付され返却を予定しない金額になります。

　　　　　　　　　　「文例13」の場合は、第4条に規定する権利金
50万円が記載金額となります。

④ 判 　 定………賃貸借の目的物は土地になります。

　　　　　　　　　　記載金額50万円とする第1号の2文書になります。

⑤ 印紙税額………課税物件表第1号文書の印紙税額欄にある「記載
された契約金額が10万円を超え50万円以下」の間
になります。

　　　　　　　　　　なお、第1号の2文書は、軽減措置の対象とな
りませんから本則税率の400円になります。

　賃貸人甲と賃借人乙の共同作成による課税文書になりますので、賃
貸人甲と賃借人乙が連帯納税義務者として収入印紙貼付及び消印をす
ることになります。

文例14　駐車場賃貸借契約書（駐車場施設の賃貸借）

駐車場賃貸借契約書

賃貸人　（甲）
賃借人　（乙）

　上記当事者間において、次に所在する駐車場を賃貸借するため次の
とおり契約する。

第１条　賃貸人（甲）は、その所有する駐車場区画ＮＯ１を賃借人
　　　　（乙）に賃貸し、賃借人（乙）は、これを賃借し所定の賃
　　　　料を支払うことを約した。
　　　　駐車場所在地　　　県　　市　　町　　丁目　　番地
第２条　賃料は、毎月５万円とし、賃借人（乙）は当月分をその末
　　　　日までに、賃貸人（甲）へ持参し支払うものとする。
第３条　賃借人（乙）は、賃貸人（甲）に対し保証金として金５万
　　　　円を　　年　　月　　日までに預け入れなければならない。
　　　　なお、この保証金は契約満了時に返還する。
第４条　賃貸借の契約期間は、この契約締結日から　　年　　月
　　　　日までとする。
　　　　　　　　　　　　（中略）
　以上の契約を証するため本契約書を２通作成し、各当事者が各自署
名押印し、各１通を保管する。
　　　　年　　月　　日
　　　　　　　　　　　　　　　賃貸人　（甲）
　　　　　　　　　　　　　　　賃借人　（乙）

【課否判定等】

・不課税文書

✔ チェックポイント

①　内　　容………駐車場としての施設を賃貸借するための「駐車場

賃貸借契約書」になります。

② 判　　定‥‥‥‥印紙税法「賃貸借契約書」で課税文書となるのは、地上権及び土地の賃貸借のみでそれ以外は原則課税文書にはなりません。

したがって、収入印紙貼付の必要はありません。

【解　　説】

　駐車場の利用を内容とする契約書については、その形態により次のように取り扱われます。

　1　駐車場として土地を賃貸借する場合

　　　‥‥‥‥第1号の2文書（土地の賃借権の設定に関する契約書）になります。

　2　車庫を賃貸借する場合

　　　‥‥‥‥賃貸借に関する契約書（不課税文書）になります。

　3　施設である駐車場を賃貸借する場合

　　　‥‥‥‥賃貸借に関する契約書（不課税文書）になります。

　4　駐車場の一定の場所に特定の車両を有料で駐車させる契約書

　　　‥‥‥‥賃貸借に関する契約書（不課税文書）になります。

　5　車を寄託（保管）する契約書

　　　‥‥‥‥物品の寄託に関する契約書（不課税文書）になります。

　以上のように、賃貸借される目的物が「土地」なのか「駐車場」という施設なのかによって、収入印紙貼付の有無が判定されることになります。

関係法令等

・課税物件表第1号の2文書

○駐車場賃貸借契約書の課否判定等フローチャート

| 賃貸する物件は土地か | いいえ | 駐車場という施設の賃貸借契約書として不課税文書 |

はい

| 権利金・更新料等後日返還が予定されていない金額の記載あり | いいえ | 記載金額のない第1号の2文書として200円の印紙貼付 |

はい

権利金・更新料等後日返還が予定されていない金額を記載金額とする第1号の2文書

| 権利金・更新料等の金額に応じた収入印紙貼付(注) | (注)　記載金額が1万円未満のものは非課税文書 |

駐車場賃貸借契約書の注意事項

　駐車場賃貸借契約書はその形態に応じて、おおむね次のようになります。

① 駐車場として土地を賃貸するもの……土地の賃借権の設定に関する契約書（第1号の2文書）

② 車庫を賃貸借するもの……賃貸借に関する契約書（不課税文書）

③ 施設である駐車場の一定の場所に有料で駐車させるもの……賃貸借に関する契約書（不課税文書）

④ 車の寄託（保管）を有料でするもの……車という物品を預かる寄託契約書（不課税文書）

文例15　建物賃貸借契約書（消費貸借契約）

建物賃貸借契約書

賃貸人　（甲）
賃借人　（乙）

　上記当事者間において、建物の賃貸借に関し次のとおり契約する。

第1条　賃貸人（甲）は、その所有する下記表示の建物を賃借人（乙）に賃貸し、店舗として使用させることを約し賃借人（乙）は、これを賃借し所定の賃料を支払うことを約した。
　　　　所在地　　　　　　　　県　　市　　町　　丁目　　番地
　　　　〇〇〇ビル

第2条　賃料は、毎月100万円とし、賃借人（乙）は当月分をその末日までに、賃貸人（甲）へ甲指定口座へ振込し支払うものとする。

第3条　賃借人（乙）は、賃貸人（甲）に対し保証金として金1,200万円を　　　年　　月　　日までに預け入れなければならない。

第4条　前条の保証金の返還方法は次のとおりとする。
　　　　保証金は、契約開始日の属する月の末日から毎回末日に返還するものとし、返還方法は毎月の賃料との相殺によるものとする。

第5条　賃貸借の契約期間は、この契約締結日から10年間とする。
（中略）

　以上の契約を証するため本契約書を2通作成し、各当事者が各自署名押印し、各1通を保管する。
　　　　年　　月　　日
　　　　　　　　　　　　　　賃貸人　（甲）
　　　　　　　　　　　　　　賃借人　（乙）

【課否判定等】

・課税物件表の第1号の3文書（消費貸借に関する契約書）に該当

・記載金額　1,200万円

・印紙税額　20,000円

✓ チェックポイント

① 作　成　者………賃貸人甲及び賃借人乙

② 内　　　容………「建物賃貸借契約書」の標題になっていますが、第 3 条に規定する「保証金」の返還方法について、第 4 条に契約期間に関係なく毎月返還する旨が規定されていることから、消費貸借の目的物と判断されます。

③ 記載金額………1,200万円

　　　　　　　　印紙税額のもとになるのは「保証金」等に代表される、賃借人から賃貸人に交付され契約期間に関係なく返還をされる金額になります。

　　　　　　　　「文例15」の場合は、第 3 条に規定する保証金1,200万円が記載金額となります。

④ 判　　　定………記載金額を1,200万円とする第 1 号の 3 文書になります。

⑤ 印紙税額………課税物件表第 1 号文書の印紙税額欄にある「記載された契約金額が1,000万円を超え5,000万円以下」の間になります。

　　　　　　　　なお、第 1 号の 3 文書は、軽減措置の対象となりませんから本則税率の20,000円になります。

　賃貸人甲と賃借人乙の共同作成による課税文書になりますので、賃貸人甲と賃借人乙が連帯納税義務者として収入印紙貼付及び消印をすることになります。

文例16　建物賃貸借契約書（不課税）

建物賃貸借契約書

賃貸人　（甲）
賃借人　（乙）

　上記当事者間において、建物の賃貸借に関し次のとおり契約する。

第1条　　賃貸人（甲）は、その所有する下記表示の建物を賃借人（乙）に賃貸し、店舗として使用させることを約し賃借人（乙）は、これを賃借し所定の賃料を支払うことを約した。
　　　　　所在地　　　　　　　県　　市　　町　　丁目　　番地
　　　　　　　　　　〇〇〇ビル

第2条　　賃料は、毎月100万円とし、賃借人（乙）は当月分をその末日までに、賃貸人（甲）へ甲指定口座へ振込し支払うものとする。

第3条　　賃借人（乙）は、賃貸人（甲）に対し保証金として金1,200万円を　　　年　　月　　日までに預け入れなければならない。

第4条　　<u>前条の保証金については、契約期間満了時に返還する。</u>

第5条　　賃貸借の契約期間は、この契約締結日から10年間とする。

（中略）

　以上の契約を証するため本契約書を2通作成し、各当事者が各自署名押印し、各1通を保管する。
　　年　　月　　日
　　　　　　　　　　　　賃貸人　（甲）
　　　　　　　　　　　　賃借人　（乙）

【課否判定等】

・不課税文書

```
┌─────────────────────────────────────────────┐
│  ✓ チェックポイント                           │
├─────────────────────────────────────────────┤
│ ① 内　　容………この文書は、預かった保証金について、第4条に │
│                 おいて契約期間満了時に返還すること定めており、 │
│                 消費貸借の目的物になっていません。           │
│ ② 判　　定………「建物賃貸借契約書」として、不課税文書になり │
│                 ますので収入印紙貼付の必要はありません。     │
└─────────────────────────────────────────────┘
```

【解　　説】

　建物の賃貸借契約をする際、授受される金銭のうち、権利金のように貸主（大家）に渡し切りになるものや、敷金のように賃貸料債権等を担保する目的のものは消費貸借契約の目的物とはなりません。

　しかしながら、作成する契約書の名称を問わず金銭の受領をした者（建物の貸主）から建物の賃貸借等契約期間に関係なく金銭の貸主（建物の借主）に返還されることとされている契約書は金銭の消費貸借となります。

　いわゆる「金銭の借用書」になります。

　例えば保証金は一般的には敷金と同じように賃貸料債権等を担保することを目的とするものといえますが、賃貸借等契約の終了する前に建物の借主に返還するとされているものや、賃貸借等契約が終了してもなお長期間返還を留保するものは、賃貸料債権等を担保する目的のみで授受されたものとは認められず、消費貸借契約の目的物として判断されることになるわけです。

　したがって、このような性格を有する「保証金」・「建設協力金」等を受領し、賃貸借等契約期間に関係なく後日返還する旨を約する契約書は、第1号の3文書（消費貸借に関する契約書）になります。

　このように、賃貸借等契約に際して授受される金銭が賃貸料等債権を担

保するものか又は消費貸借の目的物であるかの判断は、その返還が賃貸借契約の終了に結びついているものであるか否かにより判定することになります。

関係法令等

・基通別表第1第1号の3文書7

○建物賃貸借契約書の課否判定等フローチャート

| 建設協力金、保証金等の記載あり | いいえ | 建物の賃貸借契約書として不課税文書 |

 はい

| 保証金等は契約期間に関係なく一定期間経過後に一括又は分割返還するものである | いいえ | 建物の賃貸借契約書として不課税文書 |

 はい

保証金等の金額を記載金額とする第1号の3文書

保証金等の金額に応じた印紙貼付

建物賃貸借契約書の注意事項

　建物の賃貸借契約書において授受される金銭のうち、権利金のように貸主に渡し切りになるものや、敷金のように賃料債権等を担保する目的のものは消費貸借契約の目的物とはなりません。

　しかしながら、その名称の如何を問わず、金銭を受領した者（建物の貸主）から建物の賃貸借契約期間に関係なく金銭の貸主（建物の借主）に返還されることとされているものは金銭の消費貸借となります。

　例えば、預かっている保証金等について次のようなものは消費貸借契約の目的物として判断され、第１号の３文書（消費貸借に関する契約書）になります。

　①　賃貸借契約期間に関係なく分割又は一括して返還するもの

　②　賃貸借契約が終了しても長期間返還を留保するもの

　このように、建物賃貸借契約書において授受される金銭が賃料債権等を担保するものであるか又は消費貸借の目的物であるかの判断は、<u>その返還が賃貸借契約の終了に結びついているものであるか否かにより判断することになります。</u>

文例17　貸付決定通知書（申込に基づき）

貸付決定通知書

　　　　　　　　　　　　　　　　　　　　　　　年　　　月　　　日

甲　株式会社　様

　貴社からの借入申込みにつきまして、審査の結果下記の通り貸付を
決定いたしましたので、ご通知します。

記

貸付決定金額　1,000万円

貸付実行日　　○○年○○月○○日

（中略）

　　　　　　　　　　　　　　　　　　　　　　　　　乙　　銀行

【課否判定等】

・課税物件表の第１号の３文書（消費貸借に関する契約書）に該当

・記載金額　1,000万円

・印紙税額　10,000円

✓ チェックポイント

① 作 成 者………乙銀行

② 内　　　　容………金融機関等が貸付けの申込みに対して、その申込
内容を審査の上貸し付けることを決定し、その旨
を記載して貸付申込者へ交付する「貸付決定通知
書」等とよばれる文書になります。

　　　　　申込みに対する応諾の文書となり、契約書にな
ります。

　　　　　貸付けの予約を証明する目的で作成されますの
で、第１号の３文書になります。

③ 記載金額………1,000万円

　　　　　記載されている「貸付決定金額」等になります。

　　　　　「文例17」の場合は、貸付決定金額である1,000
万円となります。

④ 判　　　　定………貸付けの予約を証明する目的で作成されますので、
記載金額を1,000万円とする第１号の３文書にな
ります

⑤ 印紙税額………課税物件表第１号文書の印紙税額欄にある「記載
された契約金額が500万円を超え1,000万円以下」
の間になります。

　　　　　なお、第１号の３文書は、軽減措置の対象とな
りませんから本則税率の10,000円になります。

　　乙銀行の単独作成による課税文書になりますので、乙銀行が納税義
務者として収入印紙貼付及び消印をすることになります。

文例18 貸付通知書（不課税）

貸付通知書

年　　月　　日

甲　株式会社　様

　　下記のとおり貸付いたしますので、ご通知申し上げます。

記

貸付金額　　1,000万円

貸付実行日　〇〇年〇〇月〇〇日

（中略）

乙　銀行

【課否判定等】

・不課税文書

✓ チェックポイント

① 内　　容………貸付けの事実を一方的に通知する文書。

② 判　　定………通知文書であり、契約書には該当しません。
　　　　　　　　　したがって、不課税文書になりますので、収入
　　　　　　　　　印紙貼付の必要はありません。

【解　説】

　金銭の借入申込みに対して貸し付けることを決定し、その旨を記載してその文書をその申込者へ交付する「貸付決定通知書」等称する文書は、第1号の3文書（消費貸借に関する契約書）になります。

　したがって、「貸付決定通知書」等に記載してある「貸付決定金額」が契約に係る記載金額となり、その金額に適用される印紙税額の収入印紙貼付が必要となります。

　なお、申込に対する応諾の文書ではなく（申込の事実の記載なし）単に貸付実行の通知をする文書は、課税文書にはなりません。

関係法令等

・基通別表第1第1号の3文書10

文例19　貨物受取書（運送契約）

貨物受取書（荷主様用）

甲　株式会社　様

お届け先 （荷受人）	住所 氏名		
ご依頼主 （荷送人）	住所 氏名		

運送品 （品名等）		個　数	個
		運送料	円

本書に記載の貨物正に受け取りました。

年　　月　　日

○○運送会社　　　取扱者　　　　　印

【課否判定等】

・課税物件表の第1号の4文書（運送に関する契約書）に該当

・記載金額　記載された運送料

・印紙税額　記載された運送料により、判定されます。

✓ チェックポイント

① 作 成 者………○○運送会社

② 内　　　容………標題が、「貨物受取書」になっていますが、発地、着地、運送料、荷受人、荷送人等の事項が記載され、荷送人に交付されるものですから、単なる貨

　　　　　　物の受取書ではなく運送契約の成立の事実を証明

　　　　　　する目的で作成されると認められますので、契約

　　　　　　書になります。

③　記載金額………記載された運送料

④　判　　定………記載された運送料を記載金額とする第1号の4文

　　　　　　書になります。

⑤　印紙税額………記載された運送料により判定する

　　　　　　　　第1号の4文書は軽減措置の対象となりません

　　　　　　から本則税率が適用されます。

　　　　　　　　なお、記載された運送料が1万円未満であれば

　　　　　　非課税文書となります。

　　　　　　　　また、記載された運送料が、貨物受取書を荷受

　　　　　　人に交付する時点で確定していない場合は、記載

　　　　　　金額なしが適用され200円の印紙貼付が必要とな

　　　　　　ります。

　　　　　　　　ただし、「貨物受取書」を交付する時点で運送

　　　　　　料が確定できなくても、明らかに運送料が1万円

　　　　　　未満の場合に「運送料1万円未満」等の記載をす

　　　　　　ることにより、運送料が1万円未満である旨の記

　　　　　　載があるものは、記載金額1万円未満のものとし

　　　　　　て非課税文書として取り扱われます。

　○○運送会社の単独作成による課税文書になりますので、○○運送
が納税義務者として収入印紙貼付及び消印をすることになります。

文例20 貨物受取書（不課税）

貨物受取書（荷主様用）

甲 株式会社 様
　下記貨物正に受取りました。
　　　　　　　　　　　　　　　年　　　月　　　日
　　　　　　　　　　　○○運送会社　　　取扱者　　　　　　　印
　　　　　　　　　　　記

品名等	荷姿	個数	数量	摘要

【課否判定等】

・不課税文書

✓ チェックポイント

① 内　　　容………貨物の受取事実を証明する事項のみの記載で、運送契約の成立の事実を証明する事項の記載がないので契約書になりません。

② 判　　　定………「物品の受領書」であり、不課税文書になりますので収入印紙貼付は必要ありません。

【解　　説】

　貨物受取書は、運送契約において、運送人が貨物運送の依頼を受けた場

合に、当該貨物を受領したこと（運送のために預かったこと）を証明する
ために作成し荷送人に交付する文書です。

　したがって、通常、印紙税法上の課税事項がありませんので、課税文書
にはなりません。

　しかしながら、課税文書になるかどうかの判定は、その文書に記載され
ている文言に基づいて実質的に判定することになります。

　たとえ、「貨物受取書」という標題の文書があってもその文書の記載文
言によってその取扱いが違ってきます。

　1　貨物の受領事実のみを証明するものは不課税文書である物品の受取
　　書に該当し課税文書にはなりません。

　2　その貨物受取書に貨物の品名、数量、運賃、積み地、揚げ地等が記
　　載され、運送契約の成立を証明する目的で作成されたことが文書上明
　　らかとなる場合は、第 1 号の 4 文書として課税文書になります。

　また、第 1 号の 4 文書の記載金額は、運送料、用船料、配達料等運送契
約の対価のすべてをいいます。

　なお、記載された運送料が 1 万円未満であれば非課税文書になります。

　ただし、記載された運送料が、貨物受取書を荷受人に交付する時点で確
定せず記載金額の記載がない場合には、記載金額なしとして、200 円の収
入印紙貼付が必要になります。

　しかし、「貨物受取書」を交付する時点で運送料が確定できなくても明
らかに運送料が 1 万円未満の場合に「運送料10,000円未満」等の記載によ
り、運送料が 1 万円未満である旨の記載があるものは、記載金額 1 万円未
満のものとして非課税文書として取り扱われます。

(関係法令等)

・基通別表第 1 第 1 号の 4 文書 3

文例21　産業廃棄物処理委託契約書 （収集・運搬所属の決定　期間あり）

産業廃棄物処理委託契約書

　株式会社　　　　　（以下「甲」という。）と株式会社　　　　　（以下「乙」という。）は甲が排出する産業廃棄物の収集・運搬に関して、次のとおり契約する。

（委託の内容）
　甲が委託する産業廃棄物の種類、予定数量、及び収集・運搬単価

種　　　類	紙ごみ	摘要
数　　　量	100kg／月	
単　　　価	10,000円／1 kg	

（中略）

（契約期間）
第10条　　契約期間は、○○年４月１日から１年とする。
　　　　　ただし、期間満了２か月前までに甲乙間に何ら意思表示がない場合は、さらに１年間契約を延長するものとし、爾後この例による。

（中略）

　以上の契約を証するため本契約書を２通作成し、甲乙各自が署名押印し、甲乙各１通を保管する。
　　　年　　月　　日
　　　　　　　　　　甲
　　　　　　　　　　乙

【課否判定等】

・課税物件表の第１号の４文書（運送に関する契約書）に該当

・記載金額　1,200万円

・印紙税額　20,000円

✓ チェックポイント

① 作 成 者………株式会社（甲）及び株式会社（乙）

② 内　　容………産業廃棄物を排出場所から収集し、処分場所へ運搬する契約書

③ 記載金額………委託の内容欄に月当たりの予定数量、その単価の記載があり契約期間も1年間と記載されていますので、100kg×10,000円×12か月の計算式により計算された1,200万円が記載された契約金額になります。

④ 判　　定………産業廃棄物を排出場所から収集し、処分場所へ運搬する契約書は、第1号の4文書に該当します。

産業廃棄物の「収集」は、運送契約に付随するものですから、請負契約ではなく運送契約と判断されます。

また、営業者間において運送に関する2以上の取引を継続して行うため作成される契約書で、「目的物の種類」・「数量」・「単価」を定めるものですので、第7号文書にもなります。

⑤ 所属の決定……当該契約書は、第1号の4文書と第7号文書の2つの課税事項がありますので所属の決定をしなければなりません。

その場合、記載金額があれば、第1号の4文書、記載金額がなければ第7号文書と決定します。

「文例21」の場合は、記載金額が計算できますので、第1号の4文書になります。

⑥ 印紙税額………課税物件表第1号文書の印紙税額欄にある「記載
された契約金額が1,000万円を超え5,000万円以
下」の間になります。

なお、第1号の4文書は、軽減措置の対象とな
りませんから本則税率の20,000円になります。

株式会社（甲）と株式会社（乙）の共同作成による課税文書になり
ますので（甲）と（乙）が連帯納税義務者として収入印紙貼付及び消
印をすることになります。

文例22 産業廃棄物処理委託契約書
（収集・運搬所属の決定　期間なし）

産業廃棄物処理委託契約書

　株式会社　　　　（以下「甲」という。）と株式会社　　　　（以下「乙」という。）は甲が排出する産業廃棄物の収集・運搬に関して、次のとおり契約する。

（委託の内容）
　甲が委託する産業廃棄物の種類、予定数量、及び収集・運搬単価

種　　　類	紙ごみ	摘要
数　　　量	100kg／月	
単　　　価	10,000円／1kg	

（中略）

（契約期間）
第10条　　契約期間は、○○年４月１日からとする。

（中略）

　以上の契約を証するため本契約書を２通作成し、甲乙各自が署名押印し、甲乙各１通を保管する。
　　年　　月　　日
　　　　　　　　甲
　　　　　　　　乙

【課否判定等】
・課税物件表の第７号文書（継続的取引の基本となる契約書）に該当
・記載金額　なし
・印紙税額　4,000円

✓ **チェックポイント**

① 作成者………株式会社（甲）及び株式会社（乙）

② 内　　容………産業廃棄物を排出場所から収集し、処分場所へ運
搬する契約書

③ 記載金額………なし

　　　　　　　　委託内容の欄に月当たりの予定数量、その単価
の記載はありまますが、契約期間はその始期の記
載があるだけですので、当該文書の記載金額は計
算することができません。

　　　　　　　　したがって、当該契約書は、記載金額がない契
約書になります。

④ 判　　定………産業廃棄物を排出場所から収集し、処分場所へ運
搬する契約書は、第1号の4文書に該当します。

　　　　　　　　産業廃棄物の「収集」は、運送契約に付随する
ものですから、請負契約ではなく運送契約と判断
されます。

　　　　　　　　また、営業者間において運送に関する2以上の
取引を継続して行うため作成される契約書で、
「目的物の種類」・「数量」・「単価」を定めるもの
ですので、第7号文書にもなります。

⑤ 所属の決定……「文例21」と同様、記載金額があるかないかによ
り、所属を決定することになります。

　　　　　　　　「文例22」の場合は、記載金額がない契約書に
なりますので、第7号文書になります。

⑥ 印紙税額………課税物件表第7号文書の印紙税額欄にある「4,000

　円」になります。

　株式会社（甲）と株式会社（乙）の共同作成による課税文書になりますので（甲）及び（乙）が連帯納税義務者として収入印紙貼付及び消印をすることになります。

【解　説】

　産業廃棄物の収集、運搬を約する契約書は、第１号の４文書（運送に関する契約書）になります。

　また、営業者間において運送に関する２以上の取引を継続して行うため作成される契約書で、「目的物の種類」・「数量」・「単価」等を定めるものは、第７号文書（継続的取引の基本となる契約書）にもなります。

　第１号の４文書と第７号文書の２つの課税事項がある場合にはどちらの文書になるか決定しなければなりません。

　その場合、記載金額があれば、第１号の４文書、記載金額がなければ第７号文書になります。

【アドバイス】

　このように、記載金額の有無により、貼付する印紙税額にも差が出ます。

　契約内容に当事者双方問題なければ、記載金額をなしとする選択をすることにより、印紙税の負担が軽減される場合もあります。

関係法令等

・通則３イ

文例23　産業廃棄物処理委託契約書（収集・運搬所属の決定　計算可）

産業廃棄物処理委託契約書

　株式会社　　　　（以下「甲」という。）と株式会社　　　　（以下「乙」という。）は甲が排出する産業廃棄物の収集・運搬に関して、次のとおり契約する。

（委託の内容）
　甲が委託する産業廃棄物の種類、予定数量、及び収集・運搬単価

種　　類	紙ごみ	摘要
数　　量	100kg／月	
単　　価	10,000円／1kg	

（中略）

（契約期間）
第10条　契約期間は、○○年4月1日から1年とする。
　　　　ただし、期間満了2か月前までに甲乙間に何ら意思表示がない場合は、さらに1年間契約を延長するものとし、爾後この例による。

（中略）

　以上の契約を証するため本契約書を2通作成し、甲乙各自が署名押印し、甲乙各1通を保管する。
　　　年　　月　　日
　　　　　　　　　甲
　　　　　　　　　乙

【課否判定等】

・課税物件表の第1号の4文書（運送に関する契約書）に該当

・記載金額　1,200万円

・印紙税額　20,000円

✓ **チェックポイント**

① 作成者………株式会社（甲）及び株式会社（乙）

② 内　　容………産業廃棄物を排出場所から収集し、処分場所へ運搬する契約書

③ 記載金額………委託の内容欄に月当たりの予定数量、その単価の記載があり契約期間も1年間と記載されていますので、当該文書の記載金額は、100kg×10,000円×12か月の計算式により計算された1,200万円が記載された契約金額になります。

④ 判　　定………産業廃棄物を排出場所から収集し、処分場所へ運搬する契約書は、第1号の4文書になります。

　　　　　　また、営業者間において運送に関する2以上の取引を継続して行うため作成される契約書で、「目的物の種類」・「数量」・「単価」を定めるものですので、第7号文書にもなります。

⑤ 所属決定………当該契約書は、第1号の4文書と第7号文書の2つの課税事項がありますので所属の決定をしなければなりません。

　　　　　　その場合、記載金額があれば、第1号の4文書、記載金額がなければ第7号文書になります。

　　　　　　「文例23」の場合は、記載金額が計算できますので、第1号の4文書になります。

⑥ 印紙税額………課税物件表第1号文書の印紙税額欄にある「記載された契約金額が1,000万円を超え5,000万円以下」の間になります。

　　　　　　　　なお、第1号の4文書は、軽減措置の対象とな

　　　　　　　　りませんから本則税率の20,000円になります。

　株式会社（甲）と株式会社（乙）の共同作成による課税文書になり

ますので（甲）及び（乙）が連帯納税義務者として収入印紙貼付及び

消印をすることになります。

ひとくちメモ　　**こんな業種にこんな文書が【運送業編】**

第1号の4文書…運送契約書、貨物受取書、送り状（控）

第7号文書………運送基本契約書、○○取引基本契約書

第17号の1文書…領収書、お預り証

　(注)　一般的に作成が見込まれる文書を掲載しました、実際の課否判

　　　定はその記載内容を確認する必要がありますのでご留意ください。

文例24 　産業廃棄物処理委託契約書
　　　　　（収集・運搬所属の決定　計算不可）

産業廃棄物処理委託契約書

　株式会社　　　　　（以下「甲」という。）と株式会社　　　　　（以下「乙」という。）は甲が排出する産業廃棄物の収集・運搬に関して、次のとおり契約する。

（委託の内容）
　甲が委託する産業廃棄物の種類、予定数量、及び収集・運搬単価

種　　　　類	紙ごみ	摘要
数　　　　量	100kg／月	
単　　　　価	10,000円／１車	

（中略）

（契約期間）
第10条　　契約期間は、○○年４月１日から１年とする。
　　　　　ただし、期間満了２か月前までに甲乙間に何ら意思表示がない場合は、さらに１年間契約を延長するものとし、爾後この例による。

（中略）

　以上の契約を証するため本契約書を２通作成し、甲乙各自が署名押印し、甲乙各１通を保管する。
　　　年　　　月　　　日
　　　　　　　　　　甲
　　　　　　　　　　乙

【課否判定等】

・課税物件表の第７号文書（継続的取引の基本となる契約書）に該当

・記載金額　なし

・印紙税額　4,000円

✓ チェックポイント

① 作 成 者………株式会社（甲）及び株式会社（乙）

② 内　　容………産業廃棄物を排出場所から収集し、処分場所へ運
　　　　　　　　　搬する契約書

③ 記載金額………なし

　　　　　　　　　　委託の内容欄に月当たりの予定数量、契約期間
　　　　　　　　は1年間と記載はありますが、単価は1車当たり
　　　　　　　　の金額であり、予定数量と単価は乗ずることがで
　　　　　　　　きませんので、当該文書の記載金額は、計算する
　　　　　　　　ことができません。

　　　　　　　　　　したがって、当該契約書は、記載金額がない契
　　　　　　　　約書になります。

④ 判　　定………産業廃棄物を排出場所から収集し、処分場所へ運
　　　　　　　　搬する契約書は、第1号の4文書になります。

　　　　　　　　　　また、営業者間において運送に関する2以上の
　　　　　　　　取引を継続して行うため作成される契約書で、
　　　　　　　　「目的物の種類」・「数量」・「単価」を定めるもの
　　　　　　　　ですので、第7号文書にもなります。

⑤ 所属決定………当該契約書は、第1号の4文書と第7号文書の2
　　　　　　　　つの課税事項がありますので所属の決定をしなけ
　　　　　　　　ればなりません。その場合、記載金額があれば、
　　　　　　　　第1号の4文書、記載金額がなければ第7号文書
　　　　　　　　になります。

　　　　　　　　　　「文例24」の場合は、記載金額がない契約書に
　　　　　　　　なりますので、第7号文書になります。

⑥　印紙税額………課税物件表第 7 号文書の印紙税額欄にある「4,000
　　　　　　　　円」になります。
　株式会社（甲）と株式会社（乙）の共同作成による課税文書になり
ますので（甲）及び（乙）が連帯納税義務者として収入印紙貼付及び
消印をすることになります。

【解　説】

　産業廃棄物の収集、運搬を約する契約書は、第 1 号の 4 文書（運送に関
する契約書）になります。

　また、営業者間において運送に関する 2 以上の取引を継続して行うため
作成される契約書で、「目的物の種類」・「数量」・「単価」等を定めるもの
は、第 7 号文書（継続的取引の基本となる契約書）にもなります。

　第 1 号の 4 文書と第 7 号文書の 2 つの課税事項がある場合にはどちらの
文書に該当するか決定しなければなりません。

　その場合、記載金額があれば、第 1 号の 4 文書、記載金額がなければ第
7 号文書になります。

【アドバイス】

　このように、記載金額の有無により、貼付する印紙税額に差が出ます。

　契約内容に当事者双方問題なければ、記載金額をなしとする選択をする
ことにより、印紙税額の負担が軽減される場合もあります。

関係法令等

・通則 3 イ

文例25 **産業廃棄物処理委託契約書（処分所属の決定　期間あり）**

産業廃棄物処理委託契約書

　株式会社　　　　　（以下「甲」という。）と株式会社　　　　　（以下「乙」という。）は甲が排出する産業廃棄物の処分に関して、次のとおり契約する。

（委託の内容）
　甲が委託する産業廃棄物の種類、予定数量及び処分単価

種　　　　類	紙ごみ	摘要
数　　　　量	100kg／月	
単　　　　価	10,000円／1kg	

（中略）

（契約期間）
第10条　<u>契約期間は、○○年4月1日から1年とする。</u>
　　　　ただし、期間満了2か月前までに甲乙間に何ら意思表示がない場合は、さらに1年間契約を延長するものとし、爾後この例による。

（中略）

　以上の契約を証するため本契約書を2通作成し、甲乙各自が署名押印し、甲乙各1通を保管する。
　　　年　　月　　日
　　　　　　　　　　甲
　　　　　　　　　　乙

【課否判定等】

・課税物件表の第2号文書（請負に関する契約書）に該当

・記載金額　1,200万円

・印紙税額　20,000円

✓ チェックポイント

① 作 成 者………株式会社（甲）及び株式会社（乙）

② 内　　容………産業廃棄物を処分する契約書

③ 記載金額………委託の内容欄に月当たりの予定数量、その単価の記載があり契約期間も 1 年間と記載されていますので、当該文書の記載金額は、100kg×10,000円×12か月の計算式により計算された1,200万円が記載金額になります。

④ 判　　定………産業廃棄物を処分する契約書は、第 2 号文書になります。

　　　　　　　　また、営業者間において請負に関する 2 以上の取引を継続して行うため作成される契約書で、「目的物の種類」・「数量」・「単価」を定めるものですので、第 7 号文書にもなります。

⑤ 所属決定………当該契約書は、第 2 号文書と第 7 号文書の 2 つの課税事項がありますので所属の決定をしなければなりません。その場合、記載金額があれば、第 2 号文書、記載金額がなければ第 7 号文書になります。

　　　　　　　　「文例25」の場合は、記載金額が計算できますので、第 2 号文書になります。

⑥ 印紙税額………課税物件表第 2 号文書の印紙税額欄にある「記載された契約金額が1,000万円を超え5,000万円以下」の間になります。

　　　　　　　　産業廃棄物を処分する契約書は、軽減措置の対象となりませんから本則税率の20,000円になりま

す。

　株式会社（甲）及び株式会社（乙）の共同作成による課税文書になりますので（甲）及び（乙）が連帯納税義務者として収入印紙貼付及び消印をすることになります。

ワンポイント　記載金額の計算のしかた

　例えば、産業廃棄物処理委託契約書に記載されている排出予定数量（t又は㎥）に1t又は1㎥当たりの単価を掛けて計算した金額をいいます。

〔例示〕　排出予定数量　100t　1t当たりの処分単価　10,000円
　　　　　100t×10,000円＝1,000,000円

文例26　**産業廃棄物処理委託契約書**
（処分所属の決定　期間なし）

産業廃棄物処理委託契約書

　株式会社　　　　　（以下「甲」という。）と株式会社　　　　　（以下「乙」という。）は甲が排出する産業廃棄物の処分に関して、次のとおり契約する。

（委託の内容）
　甲が委託する産業廃棄物の種類、予定数量及び処分単価

種　　　類	紙ごみ	摘要
数　　　量	100kg／月	
単　　　価	10,000円／1kg	

（中略）

（契約期間）
第10条　契約期間は、○○年4月1日からとする。
　　　　ただし、期間満了2か月前までに甲乙間に何ら意思表示がない場合は、さらに1年間契約を延長するものとし、爾後この例による。

（中略）

　以上の契約を証するため本契約書を2通作成し、甲乙各自が署名押印し、甲乙各1通を保管する。
　　　年　　　月　　　日
　　　　　　　　甲
　　　　　　　　乙

【課否判定等】

・課税物件表の第7号文書（継続的取引の基本となる契約書）に該当

・記載金額　なし

・印紙税額　4,000円

✓ チェックポイント

① 作　成　者………株式会社（甲）及び株式会社（乙）

② 内　　　容………産業廃棄物を処分する契約書

③ 記載金額………なし

　　　　　　　　　委託内容の欄に月当たりの予定数量、その単価の記載はありますが、契約期間はその始期の記載があるだけですので、当該文書の記載金額は計算することができません。

　　　　　　　　　したがって、当該契約書は、記載金額がない契約書になります。

④ 判　　　定………産業廃棄物を処分する契約書は、第2号文書になります。

　　　　　　　　　また、営業者間において請負に関する2以上の取引を継続して行うため作成される契約書で、「目的物の種類」・「数量」・「単価」を定めるものですので、第7号文書にもなります。

⑤ 所属決定………当該契約書は、第2号文書と第7号文書の2つの課税事項がありますので所属の決定をしなければなりません。その場合、記載金額があれば、第2号文書、記載金額がなければ第7号文書になります。

　　　　　　　　　「文例26」の場合は、記載金額がない契約書になりますので、第7号文書になります。

⑥ 印紙税額………課税物件表第7号文書の印紙税額欄にある「4,000円」になります。

　株式会社（甲）と株式会社（乙）の共同作成による課税文書になり

ますので（甲）及び（乙）が連帯納税義務者として収入印紙貼付及び
消印をすることになります。

【解　説】

　産業廃棄物の処分を約する契約書は、第２号文書（請負に関する契約
書）になります。

　また、営業者間において請負に関する２以上の取引を継続して行うため
作成される契約書で、「目的物の種類」・「数量」・「単価」等を定めるもの
は、第７号文書（継続的取引の基本となる契約書）にもなります。

　第２号文書と第７号文書の２つの課税事項がある場合にはどちらの文書
に該当するか決定しなければなりません。

　その場合、記載金額があれば、第２号文書、記載金額がなければ第７号
文書になります。。

【アドバイス】

　このように、記載金額の有無により、貼付する印紙税額に差が出ます。

　契約内容に当事者双方問題なければ、記載金額をなしとする選択をする
ことにより、印紙税額の負担が軽減される場合もあります。

関係法令等

・通則３イ

文例27 **産業廃棄物処理委託契約書**
（収集・運搬・処分の所属の決定①）

産業廃棄物処理委託契約書

　株式会社　　　　（以下「甲」という。）と株式会社　　　　（以下「乙」という。）は甲が排出する産業廃棄物の収集・運搬・処分に関して、次のとおり契約する。

（委託の内容）
　甲が委託する産業廃棄物の種類、予定数量及び収集・運搬・処分単価

種　　　類	紙ごみ	摘要
数　　　量	100kg／月	
収集・運搬単価	10,000円／1kg	
処分単価	5,000円／1kg	

（中略）

（契約期間）
第10条　契約期間は、○○年4月1日から1年とする。
　　　　ただし、期間満了2か月前までに甲乙間に何ら意思表示がない場合は、さらに1年間契約を延長するものとし、爾後この例による。

（中略）

　以上の契約を証するため本契約書を2通作成し、甲乙各自が署名押印し、甲乙各1通を保管する。
　　　年　　月　　日
　　　　　　　　甲
　　　　　　　　乙

【課否判定等】

・課税物件表の第1号の4文書（運送に関する契約書）に該当

・記載金額　1,200万円

・印紙税額　20,000円

```
✓ チェックポイント
```

① 作成者………株式会社（甲）及び株式会社（乙）

② 内　　容………産業廃棄物を排出場所から収集し、処分場所へ運搬する契約書及び処分する契約書。

③ 記載金額………収集・運搬に係るもの1,200万円

処分に係るもの600万円

　　委託の内容の欄には、月当たりの予定数量と、その単価は、収集・運搬に係るものと、処分に係るものに区分され契約期間も1年間と記載されていますので、運搬契約金額と処分契約金額がそれぞれ計算できます。

　　イ　収集・運搬契約に係る記載金額は、

100kg×10,000円×12か月の計算式により1,200万円と計算できます。

　　ロ　処分に係る記載金額は、

100kg×5,000円×12か月の計算式により600万円と計算できます。

④ 判　　定………産業廃棄物を排出場所から収集し、処分場所へ運搬する契約書は、第1号の4文書になります。

　　産業廃棄物を処分する契約書は、第2号文書になります。

　　また、営業者間において運送に関する2以上の取引を継続して行うため作成される契約書で、「目的物の種類」・「数量」・「単価」を定めるものですので、第7号文書にもなります。

⑤　所属決定………第１号の４文書と第２号文書及び第７号文書の３
　　　　　　　　　　つの課税事項がありますので所属の決定をしなけ
　　　　　　　　　　ればなりません。

　　　　　　　　　　　その場合、記載金額があれば、第１号の４文書
　　　　　　　　　　又は第２号文書に、記載金額がなければ第７号文
　　　　　　　　　　書になります。

　　　　　　　　　　　「文例27」の場合は、記載金額が計算できます
　　　　　　　　　　ので、第１号の４文書又は第２号文書に所属が決
　　　　　　　　　　定されます。

　　　　　　　　　　　次に第１号の４文書と第２号文書のどちらかに
　　　　　　　　　　所属を決定します。

　　　　　　　　　　　この時の判定は、第１号の４文書の記載金額と
　　　　　　　　　　第２号文書の記載金額を比較して記載金額の大き
　　　　　　　　　　い号の文書に所属が決定されます。

　　　　　　　　　　　「文例27」の場合は、第１号の４文書1,200万円
　　　　　　　　　　の方が第２号文書に係る記載金額600万円より大
　　　　　　　　　　きいので、第１号の４文書になります。

⑥　印紙税額………課税物件表第１号文書の印紙税額欄にある「記載
　　　　　　　　　　された契約金額が1,000万円を超え5,000万円以
　　　　　　　　　　下」の間になります。

　　　　　　　　　　　第１号の４文書は軽減措置の対象となりません
　　　　　　　　　　から本則税率の20,000円になります。

　　株式会社（甲）と株式会社（乙）の共同作成による課税文書になり
ますので（甲）及び（乙）が連帯納税義務者として収入印紙貼付及び
消印をすることになります。

ワンポイント　「産業廃棄物処理委託契約書」は第何号文書?

　第 1 号の 4 文書、第 2 号文書又は第 7 号文書のいずれかに該当します
が、契約期間と廃棄物の数量、そして、1 数量あたりの運送単価、
処理単価の記載がある場合には、第 7 号文書には該当しません。

文例28　**産業廃棄物処理委託契約書（収集・運搬・処分の所属の決定②）**

産業廃棄物処理委託契約書

　株式会社　　　　（以下「甲」という。）と株式会社　　　　（以下「乙」という。）は甲が排出する産業廃棄物の収集・運搬・処分に関して、次のとおり契約する。

（委託の内容）
　甲が委託する産業廃棄物の種類、予定数量及び収集・運搬・処分単価

種　　類	紙ごみ	摘要
数　　量	100kg／月	
収集・運搬単価	5,000円／1kg	
処分単価	10,000円／1kg	

（中略）

（契約期間）
第10条　契約期間は、○○年4月1日から1年とする。
　　　　ただし、期間満了2か月前までに甲乙間に何ら意思表示がない場合は、さらに1年間契約を延長するものとし、爾後この例による。

（中略）

　以上の契約を証するため本契約書を2通作成し、甲乙各自が署名押印し、甲乙各1通を保管する。
　　　年　　月　　日
　　　　　　　　甲
　　　　　　　　乙

【課否判定等】

・課税物件表の第2号文書（請負に関する契約書）に該当

・記載金額　1,200万円

・印紙税額　20,000円

✓ チェックポイント

① 株式会社（甲）及び株式会社（乙）

② 内　　容………産業廃棄物を排出場所から収集し、処分場所へ運搬する契約書及び処分する契約書。

③ 記載金額………収集・運搬に係るもの600万円

処分に係るもの1,200万円

　委託の内容の欄には、月当たりの予定数量と、その単価は、収集・運搬に係るものと、処分に係るものに区分され契約期間も１年間と記載されていますので、運搬契約金額と処分契約金額がそれぞれ計算できます。

　イ　収集・運搬契約に係る記載金額は、

100kg×5,000円×12か月の計算式により600万円と計算できます。

　ロ　処分に係る記載金額は、

100kg×10,000円×12か月の計算式により1,200万円円と計算できます。

④ 判　　定………産業廃棄物を排出場所から収集し、処分場所へ運搬する契約書は、第１号の４文書になります。

　産業廃棄物を処分する契約書は、第２号文書になります。

　また、営業者間において運送に関する２以上の取引を継続して行うため作成される契約書で、「目的物の種類」・「数量」・「単価」を定めるものですので、第７号文書にもなります。

⑤　所属決定………第1号の4文書と第2号文書及び第7号文書の3つの課税事項がありますので所属の決定をしなければなりません。

その場合、記載金額があれば、第1号の4文書又は第2号文書に、記載金額がなければ第7号文書になります。

「文例28」の場合は、記載金額が計算できますので、第1号の4文書又は第2号文書になります。

次に第1号の4文書と第2号文書のどちらかに所属を決定します。

この時の判定は、第1号の4文書の記載金額と第2号文書の記載金額を比較して記載金額の大きい号の文書に所属が決定されます。

「文例28」の場合は、第2号文書1,200万円の方が第1号の4文書記載金額、600万円より大きいので、第2号文書になります。

⑥　印紙税額………課税物件表第2号文書の印紙税額欄にある「記載された契約金額が1,000万円を超え5,000万円以下」の間になります。

なお、産業廃棄物を処分する契約書は、軽減措置の対象となりませんから本則税率の20,000円になります。

　株式会社（甲）及び株式会社乙の共同作成による課税文書になりますので（甲）及び（乙）が連帯納税義務者として収入印紙貼付及び消印をすることになります。

【解　説】

　産業廃棄物を排出場所から収集し、処分場所へ運搬するとともに処分場における処分までの一連の作業を請け負う契約は原則として第2号文書（請負に関する契約書）に該当します。

　ただし、収集・運搬契約金額と処分契約金額とが明確に区分して記載されている場合（それぞれの排出予定数量（t又は㎥）と1t又は1㎥当たりの収集・運搬契約単価及び処分単価が記載されていて、それぞれの契約金額が計算できる場合を含みます。）など、収集・運搬契約と処分契約が別個の契約として約定することが明らかな場合には第1号の4文書又は第2号文書のどちらかに所属が決定されます。

　また、営業者間において運送に関する2以上の取引を継続して行うため作成される契約書で、「目的物の種類」・「数量」・「単価」等を定めるものは、第7号文書（継続的取引の基本となる契約書）にも該当しますが、記載金額があることから第7号文書とはなりません。

〔所属の決定〕

　イ　第1号の4文書 ≧ 第2号文書の契約金額
　　　⇒　第1号の4文書（記載金額は、第1号の4文書の契約金額）

　ロ　第1号の4文書 ＜ 第2号文書の契約金額
　　　⇒　第2号文書（記載金額は、第2号文書の契約金額）

関係法令等

・通則3イ、ロ

○産業廃棄物処理委託契約書の課否判定等フローチャート

1　収集・運搬契約書（排出業者と収集・運搬業者との間の契約書）

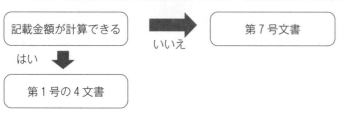

2　処分契約書（排出業者と処分業者との間の契約書）

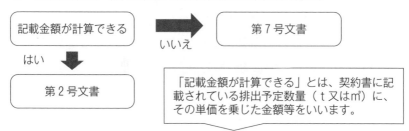

3　収集・運搬及び処分契約契約書（排出業者と収集・運搬、処分を行う者との間の契約書）

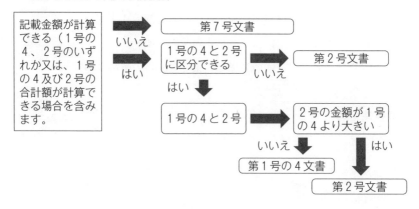

4　収集・運搬及び処分契約契約書（排出業者と収集・運搬業者及び処分業者との三者間の契約書）

記載金額が計算できる（1号の4、2号のいずれか又は、1号の4及び2号の合計額が計算できる場合を含みます。

いいえ → 第7号文書

はい → 1号の4又は2号 → 2号の金額が1号の4より大きい

いいえ → 第1号の4文書

はい → 第2号文書

○　4の場合、納税義務者は1号の4文書又は2号に係る契約当事者になります。

留意事項

1　委託者（排出業者）が、国・地方公共団体、公益法人等の営業者に該当しない者である場合には、第7号文書には該当せず、第1号の4文書又は第2号文書に所属が決定されます。

2　このフローチャートは、第7号文書に係る課税事項を含んだ文書を条件としています。

第2号文書関係

文例29　工事注文書（不課税）

工 事 注 文 書

年　　月　　日

甲　株式会社　御中

　下記工事を注文いたします。

記

工事名　　　○○ビル建設工事

（中略）

株式会社　乙

【課否判定等】

・不課税文書

✓ チェックポイント

① 内　　容………単なる契約の申込みの事実を証明する目的で作成されたものです。

② 判　　定………申込文書であり、契約書にはならないので、不課税文書になります。したがって、収入印紙貼付は必要ありません。

文例30　工事注文書（見積書に基づく）

工　事　注　文　書

　　　　　　　　　　　　　　　　　　　　　年　　　月　　　　日

甲　株式会社　御中

　　年　月　日付貴社、見積書第○○号に基づき下記工事を注文いた

します。

　　　　　　　　　　　　　　　　記

工事名　　　　○○ビル建設工事

　　　　　　　　　　　　（中略）

　　　　　　　　　　　　　　　　　　　　株式会社　乙

【課否判定等】

・課税物件表の第2号文書（請負に関する契約書）に該当

・記載金額　引用する「見積書」に記載された金額

・印紙税額　引用する「見積書」に記載された金額に応じた印紙税額にな

　　　　　　ります。

> ### ✓ チェックポイント
>
> ①　作 成 者………株式会社　乙
>
> ②　内　　容………見積書に基づく申込みであることが記載されてい
>
> 　　　　　　　　　る注文書です。
>
> ③　記載金額………当該文書には、具体的な金額の記載はありません
>
> 　　　　　　　　　が、見積書に基づくものであり、その見積書に記

　　　　　　　　　　　　　　載された金額を引用します。

④　判　　定………<u>見積書に基づく申込みであることが記載されてい</u>
　　　　　　　　　　<u>る注文書であることから申込みに対する応諾の事</u>
　　　　　　　　　　<u>実を証明する契約書になります。</u>建設工事に係る
　　　　　　　　　　ものであり第2文書になります。

⑤　印紙税額………引用する見積書に記載された記載金額に応じた印
　　　　　　　　　　紙税額となります。

　　　　　　　　　　　　なお、この場合の印紙税額は、軽減措置が適用
　　　　　　　　　　されます

　株式会社乙の単独作成による課税文書になりますので、株式会社乙
が納税義務者として収入印紙貼付及び消印をすることになります。

ワンポイント　契約って？

　契約は、一方の申込みと他方の承諾という形で成立します。

　単なる申込書は、一方的な申込みの事実を証明する文書にすぎませ
んから契約書になりません。

　請書は、相手方の申込みに対する承諾の事実を証明する文書になり
ますから契約書になります。

　予約や停止条件、解除条件がついたものも含まれます。

ひとくちメモ　こんな業種にこんな文書が【建設業編】

第１号の１文書…不動産売買契約書、覚書、念書

第１号の２文書…土地賃貸借契約書

第２号文書………建設申込書、注文書、注文請書、工事請負契約書、
　　　　　　　　　工事請負変更契約書

第７号文書………工事請負基本契約書、○○取引基本契約書

第17号の１文書…仮領収書、領収書、お預り証

　(注)　一般的に作成が見込まれる文書を掲載しました、実際の課否判
　　　定はその記載内容を確認する必要がありますのでご留意ください。

文例31 工事注文書（請書作成）

工 事 注 文 書

年　　月　　日

甲　株式会社　御中

　　年　月　日付貴社、見積書第○○号に基づき下記工事を注文いたします。

　　なお、注文をお引受の場合には、請書を提出願います。

記

工事名　　　○○ビル建設工事

(中略)

株式会社　乙

【課否判定等】

・不課税文書

✓ チェックポイント

① 内　　容………見積書に基づく申込みであることが記載されていますが、別途請書（契約の成立を証明する文書）を作成することが記載されています。

② 判　　定………見積書に基づく申込みであることが記載されていますが、別途請書（契約の成立を証明する文書）を作成することが記載されていますので契約書にはならないことから不課税文書になります。

　したがって、収入印紙貼付は必要ありません。

　なお、別途作成され請書等は、請負者等が作成

者になり第2号文書として課税文書になりますの

で、気をつけてください。

【解　説】

　申込書、注文書、依頼書など（以下「申込書等」といいます。）は、一方的な通知文書であり、契約の申込み事実を証明する目的で作成されるものですから、契約書に該当しませんので、課税文書にはなりません。

　しかしながら、「申込書等」と称する文書であっても、契約の成立を証明する文書は契約書となり、印紙税の課税事項（例えば「請負の内容」）の記載あるものは、課税文書となります。

　具体的には、おおむね次の基準に該当するものは契約書となります。

1　基本契約書等に基づく申込書等

　契約当事者間の基本契約書、規約、約款などに基づく申込みであることが記載されているもので、その申込みにより自動的に契約が成立することとなっている申込書等

2　見積書等に基づく申込書等

　相手方契約当事者の見積書等に基づく申込みであることが記載されている申込書等

(注)　1及び2に該当する文書でも、別に契約書を作成する（請書等）ことが文書上明らかにされている場合には契約書になりません。

3　契約当事者双方の署名又は押捺がある申込書等

関係法令等

・基通第21条

○注文書等の課否判定等フローチャート

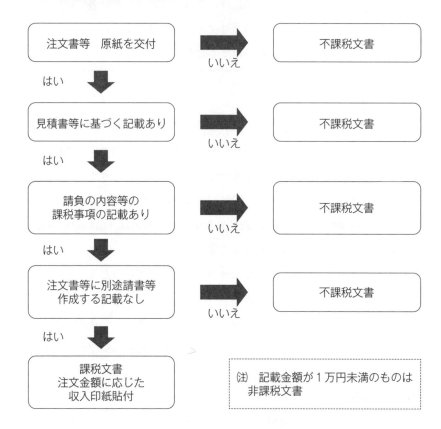

注文書等の留意事項

　次の要件のすべてを満たすと契約書（課税文書）になります。

① 　注文書等原紙を相手方に交付する。

② 　注文書等に相手方から交付を受けた見積書等に基づく記載あり
　　（見積書等 NO 、見積書等に基づくという記載等）

③ 　請負契約（主な請負契約⇒加工・修理・開発・制作・保守等）

アドバイス

　次の要件を満たすと不課税文書になり、印紙貼付が必要ありません。

① 　注文書等を原紙で交付せず、FAX・電子メールで交付する。

② 　注文書等に見積書等に基づくという記載をしない。

③ 　注文書等に別途請書等作成し交付してもらう旨を記載する。

文例32 注文請書（売買）

```
注 文 請 書

                                              年    月

甲　株式会社　様

                                         株式会社　乙

　下記の注文をお請けいたします。
                    記
```

品　　　名	数量	単価	金額
洋服ダンス（カタログ品）	5	300,000	1,500,000円
合　　　計	5	300,000	1,500,000円

```
　納　期
　納入先
　振込先　○○銀行　△△支店　普通預金 NO12345
```

【課否判定等】

・不課税文書

✓ チェックポイント

① 内　　　容………カタログ品（規格品）の供給を内容とするもので
　　　　　　　　　　すから、「物品の譲渡に関する契約書」になります。

② 判　　　定………課税文書にはならないので、収入印紙貼付は必要
　　　　　　　　　　ありません。

文例33　注文請書（請負）

注　文　請　書

年　　　月

甲　株式会社　様

株式会社　乙

　下記の注文をお請けいたします。

記

品　　名	数量	単価	金額
洋服ダンス（特注品）	5	300,000	1,500,000円
合　　計	5	300,000	1,500,000円

納　期

納入先

振込先　○○銀行　△△支店　普通預金 NO12345

【課否判定等】

・課税物件表の第 2 号文書（請負に関する契約書）に該当

・記載金額　150万円

・印紙税額　400円

✓ チェックポイント

① 作 成 者………株式会社乙

② 内　　　容………注文者の指示に基づき特注品を製作することを内

容とするものですから請負契約書になります。

1取引に係るものです。

③　記載金額………記載された契約金額である150万円になります。

④　判　　定………記載金額150万円の第2号文書になります。

1取引に係るものですから第7号文書にはなりません。

⑤　印紙税額………課税物件表第2号文書の印紙税額欄にある「記載された契約金額が100万円を超え200万円以下」の間になります。

なお、軽減措置は適用されませんので本則税率の400円になります。

株式会社乙の単独作成による課税文書になりますので、株式会社乙が納税義務者として収入印紙貼付及び消印をすることになります。

【解　　説】

請負契約か売買契約かの判定に関して、製作物供給契約のように、製作物の完成という請負の性質と完成物の譲渡という売買の性質の両方を有している契約関係が1通の契約書に記載されている場合には、契約当事者の意思が仕事の完成に重きをおいているか、物品の所有権移転に重きをおいているかによって判断することになります。

具体的な例示としては、

①　注文者が材料の全部又は主要部分を提供（有償、無償を問いません。）し、製作者がこれによって一定物品を製作することを内容とするもの

⇒　請負に関する契約書

②　製作者の材料を用いて注文者の設計又は指示した規格等に従い一定

物品を製作することを内容とするもの

　⇒　請負に関する契約書

③　あらかじめ一定の規格で統一された物品を注文に応じ製作者の材料を用いて製作し、供給することを内容とするもの

　⇒　物品の譲渡に関する契約書

なお、製作物供給契約は、建設工事の請負契約ではありませんので、第２号文書における軽減措置の適用はありません。

関係法令等

・通則５

・基通別表第１第２号文書２

ワンポイント　請負って？

　請負は、仕事の完成を約し、その結果に対して報酬を支払うことを内容とします。

〔例示〕　建築、建設、製作、修理等のような有形のほか、作成、出演、保守、清掃、警備等のような無形なものも含まれます。

文例34　注文請書（請書）

注　文　請　書

令和元年12月1日

甲　株式会社　様

株式会社　乙

　下記の工事をお請けいたします。

記

　　1　工　事　名　　「甲株式会社　本社ビル　新築工事一式」

　　2　工　　　期　　○○年○月○日　～　○○年○月○日

　　3　工事金額　　　60,000,000円　（税込み）

【課否判定等】

・課税物件表の第2号文書（請負に関する契約書）に該当

・記載金額　6,000万円

・印紙税額　30,000円

✓ チェックポイント

① 作 成 者………株式会社　乙

② 内　　容………ビル建設工事に係る注文請書です。

③ 記載金額………「請負金額」である、工事金額6,000万円になります。

④ 判　　定………記載金額6,000万円の第２号文書になります。

⑤ 印紙税額………課税物件表第２号文書の印紙税額欄にある「記載された契約金額が5,000万円を超え１億円以下」の間になります。

　　　　　　　　なお、軽減措置が適用されますので、30,000円になります。

　株式会社乙の単独作成による課税文書になりますので、株式会社乙が納税義務者として収入印紙貼付及び消印をすることになります。

ワンポイント　委任って？

　一定の目的に従って事務処理をすること自体を目的として、必ずしも仕事の完成を目的としないで仕事の成否を問わず報酬を支払うことを内容とします。

〔例示〕　斡旋仲介、技術指導、労務派遣、診療嘱託・調査・検査等が原則委任になると思われます。

文例35　注文請書（注文書引用）

注　文　請　書

令和元年12月１日

甲　株式会社　様

株式会社　乙

　下記の工事をお請けいたします。

記

　　１　工　事　名　「甲株式会社　本社ビル　新築工事一式」
　　２　工　　　期　○○年○月○日　～　○○年○月○日
　　３　工事金額　令和元年10月１日付け

貴社注文書番号第２号のとおり

注　文　書

注文書番号第２号

令和元年10月１日

乙　株式会社　様

株式会社　甲

　下記工事を注文いたします。

記

　　１　工　事　名　「甲株式会社　本社ビル　新築工事一式」
　　２　工　　　期　○○年○月○日　～　○○年○月○日
　　３　工事金額　60,000,000円　（税込み）

【課否判定等】

・課税物件表の第2号文書（請負に関する契約書）に該当

・記載金額　6,000万円

・印紙税額　30,000円

✓ チェックポイント

① 作 成 者………株式会社　乙

② 内　　　容………ビル建設工事に係る注文請書です。

③ 記載金額………「請負金額」である、工事金額になります。

　　　　　　　　　「文例35」の場合、当該「注文請書」には、具体的な工事金額の記載はありませんが、注文者から提出のあった「注文書」の内容を引用している旨の記載があります。

　　　　　　　　　このことから「請負金額」である工事金額については、「注文書」に記載のある工事金額を引用することになります。

　　　　　　　　　したがって、注文書にある6,000万円が記載金額になります。

④ 判　　　定………記載金額6,000万円の第2号文書になります。

⑤ 印紙税額………課税物件表第2号文書の印紙税額欄にある「記載された契約金額が5,000万円を超え1億円以下」の間になります。

　　　　　　　　　なお、軽減措置が適用されますので、30,000円になります。

　株式会社乙の単独作成による課税文書になりますので、株式会社乙が納税義務者として収入印紙貼付及び消印をすることになります。

【解　説】

　他の文書を引用している場合は、引用されている他の文書の内容がその文書に記載されている取扱いをしますので、課否判定する場合には引用されている他の文書の内容がその文書に記載されているものとして、課否判定することになります。

　ただし、記載金額と契約期間については、その文書に記載されている記載金額と契約期間だけで判断しますが、特例として第1号文書若しくは第2号文書においては記載金額を引用する規定があります。

　具体的には、第1号文書又は第2号文書に該当する文書にその文書に係る契約についての記載金額又は単価、数量、記号その他の記載がある「見積書」、「注文書」その他これらに類する文書（課税文書は除きます。）の名称、発行日、記号、番号その他の記載があることにより、契約当事者間でその契約についての記載金額が明らかである場合又はその契約についての記載金額を計算することができる場合は、当該明らかである記載金額又は当該計算により算出された記載金額を第1号文書又は第2号文書に該当する文書の記載金額になります。

関係法令通達

・通則4ホ(2)

・基通第4条

ワンポイント　２通の文書を袋とじにしたら？

単に袋とじにしても、全体が一つの文書になりません。

① 例えば、契約書と覚書を同時に作成し、契印等で結合し、かつ、覚書に署名、押印等をしない場合には、印紙税法上の一つの文書になります。

② 契約書と覚書等のそれぞれに署名、押印等があるものを袋とじにしたもので、次のいずれにも該当するものは、全体が印紙税法上の一つの文書になります。

　イ　袋とじされた文書の契約日が同一であること。

　ロ　契約書及び覚書等に署名、押印等をした契約名義人が同一であること。

　ハ　文書を作成した後に、それぞれの文書を切り離して使ったり、保管することを予定していないものであること。

文例36　注文請書（売買・請負記載金額一式）

```
                        注 文 請 書

                                            平成31年4月1日

    甲　株式会社　様

                                        株式会社　乙

        下記機械売買の注文をお請けいたします。
                            記
```

品　　　名	数量	金額
機械（規格品）	1	15,000,000円
設置工事代含む一式		
合　　　計	1	15,000,000円

```
    納　期

    納入先

    振込先　○○銀行　△△支店　普通預金 No.12345
```

【課否判定等】

・課税物件表の第2号文書（請負に関する契約書）に該当

・記載金額　1,500万円

・印紙税額　10,000円

✓ チェックポイント

① 作　成　者………株式会社乙

② 内　　　容………契約内容は、機械（規格品）売買にともないその機械の設置工事（請負契約）を含む注文請書です。

③ 記載金額………「請負金額」である、当該注文請書に記載された契約金額になります。

　　　　　　　　　　「文例36」の場合、その記載金額は、機械売買金額と設置工事金額が区分されていませんので、注文請書に記載された1,500万円が記載金額になります。

④ 判　　　定………記載金額1,500万円の第２号文書になります。

⑤ 印紙税額………課税物件表第２号文書の印紙税額欄にある「記載された契約金額が1,000万円を超え5,000万円以下」の間になります。

　　　　　　　　　　なお、軽減措置が適用されますので、その額は10,000円になります。

　株式会社乙の単独作成による課税文書になりますので、株式会社乙が納税義務者として収入印紙貼付及び消印をすることになります。

文例37 注文請書（売買・請負記載金額区分記載）

注 文 請 書

平成31年4月1日

甲　株式会社　様

株式会社　乙

　下記機械売買の注文をお請けいたします。

記

品　　　名	数量	金額
機械（規格品）	1	10,000,000円
設置工事代	1	5,000,000円
合　　　計	5	15,000,000円

納　期

納入先

振込先　○○銀行　△△支店　普通預金 No.12345

【課否判定等】

・課税物件表の第2文書（請負に関する契約書）に該当

・記載金額　500万円

・印紙税額　1,000円

✔ チェックポイント

① 作 成 者………株式会社乙

② 内　　　容………契約内容は、機械（規格品）売買にともないその
機械の設置工事（請負契約）を含む注文請書です。

③ 記載金額………「請負金額」である、当該注文請書に記載された
契約金額になります。

　　　　　　　　　「文例37」の場合、その記載金額は、機械売買
金額と設置工事金額が区分して記載されています
ので、設置工事金額（請負に係る金額）、当該文
書に記載された500万円が記載金額になります。

④ 判　　　定………記載金額500万円の第2号文書になります。

⑤ 印紙税額………課税物件表第2号文書の印紙税額欄にある「記載
された契約金額が300万円を超え500万円以下」の
間になります。

　　　　　　　　　なお、この場合の印紙税額は軽減措置が適用さ
れますので、1,000円になります。

　株式会社乙の単独作成による課税文書になりますので、株式会社乙
が納税義務者として収入印紙貼付及び消印をすることになります。

【解　　説】

　一定の規格で統一した機械を注文に応じて製作者の材料を用いて製作し、一定の場に設置工事することを内容とする場合等においては、不課税である物品売買契約と機械本体の設置工事という請負契約になり、第2号文書になります。

　その際の記載金額の取扱いは、次のようになります。

①　機械の売買金額と設置工事金額を区分して記載していれば、請負に係る金額（設置工事金額）がその契約書の記載金額になります。

②　機械の売買金額と設置工事金額を区分して記載していない場合は、その契約書に記載してある金額がその契約書の記載金額になります。

　　ただし、テレビを購入したときのアンテナの取り付け、配線のように取付行為が簡単であって特別な技術を要しないものは、本体の売買に付随して実施することにしても、その取付行為を請負として判定しないで、全体をその本体の売買を内容とする契約書として取扱います。

　　なお、その設置工事金額を区分記載していれば、当然その工事代金を記載金額とする第2号文書になります。

　　また、注文者の指示する一定の仕様又は規格に従って機械を製作する場合等は、単なる機械の売買ではなく、一定の機械を製作することを内容とする請負契約になり、機械本体の設置等も請負契約になりますから、機械本体と設置工事金額を区分して記載している、していないにかかわらず、その契約書に記載された記載金額により印紙税額を判定することになります。

【アドバイス】

　一つの契約書に物品売買契約と請負契約がある場合、それぞれの金額を具体的に区分記載すれば、請負契約に係る契約金額を記載金額として印紙

税額を判定しますので、区分記載せずに一括して記載するよりも、印紙税額の負担が軽減されます。

関係法令等

・基通別表 1 第 2 号文書 2(6)

ひとくちメモ　**こんな業種にこんな文書が【製造業編】**

第 1 号の 4 文書…送り状、送り状（控）、貨物受取書

第 2 号文書………製作契約書、売買契約書（設置工事付）、注文書、
　　　　　　　　　注文請書、請負契約書、覚書

第 7 号文書………○○取引基本契約書、単価決定通知書

第17号の 1 文書…領収書

　(注)　一般的に作成が見込まれる文書を掲載しました、実際の課否判
　　　定はその記載内容を確認する必要がありますのでご留意ください。

文例38　注文請書（修理）

```
                    注 文 請 書

                                          年　　月　　日

甲　株式会社　様

                                        株式会社　乙

　下記機械の修理をお請けいたします。
                        記
```

品　　　名	数量	金額
Ａ機械	1	15,000,000円
合　　　計	1	15,000,000円

```
納　期

納入先

振込先　○○銀行　△△支店　普通預金 No.12345
```

【課否判定等】

・課税物件表の第２号文書（請負に関する契約書）に該当

・記載金額　1,500万円

・印紙税額　20,000円

✓ チェックポイント

① 作 成 者………株式会社乙

② 内　　容………機械修理は、請負になります。

③ 記載金額………「請負金額」である、当該注文請書に記載された

金額になります。

「文例38」の場合は、1,500万円になります。

④　判　　定………記載金額1,500万円の第２号文書になります。

⑤　印紙税額………課税物件表第２号文書の印紙税額欄にある「記載された契約金額が1,000万円を超え5,000万円以下」の間になります。

なお、機械修理につきましては、軽減措置の対象となりませんので、本則税率の20,000円になります。

株式会社乙の単独作成による課税文書になりますので、株式会社乙が納税義務者として収入印紙貼付及び消印をすることになります。

【解　説】

第２号文書において、軽減措置の対象となる契約書は、建設業法第２条第１項に規定する建設工事の請負に係る契約に基づき作成される請負契約書に限定されています。

したがって、次のような請負契約書には軽減措置の適用はありません。

①　建設工事に該当しない工事

②　建築物等の設計

③　建設機械の保守

④　船舶の製造

⑤　機械器具の製造又は修理　など

関係法令等

・措法第91条

文例39　建設工事請負契約書（軽減）

建設工事請負契約書

平成31年4月1日

第1条　　甲株式会社と株式会社乙は建設工事請負契約を締結する。

第2条　　工事請負金額　　50,000,000円

（中略）

発注者　甲株式会社

請負者　株式会社乙

【課否判定等】

・課税物件表の第2文書（請負に関する契約書）に該当

・記載金額　5,000万円

・印紙税額　10,000円

✓ チェックポイント

① 作 成 者………発注者甲株式会社及び請負者株式会社乙

② 内　　容………建設工事に係る請負契約書です。

③ 記載金額………「請負金額」である、工事金額になります。

　　　　　　　　「文例39」の場合、工事請負金額5,000万円が記載金額になります。

④ 判　　定………記載金額5,000万円の第 2 号文書になります。

⑤ 印紙税額………課税物件表第 2 号文書の印紙税額欄にある「記載された契約金額が1,000万円を超え5,000万円以下」の間になります。

　　　　　　　　なお、軽減措置が適用されますので、10,000円になります。

　発注者甲株式会社及び請負者株式会社乙の共同作成による課税文書になりますので甲株式会社及び株式会社乙が連帯納税義務者として収入印紙貼付及び消印をすることになります。

文例40 建設設計請負契約書（軽減不可）

建設設計請負契約書

平成31年4月1日

第1条　甲株式会社と株式会社乙は建設設計請負契約を締結する。

第2条　設計請負金額　　10,000,000円

（中略）

発注者　甲株式会社

請負者　株式会社乙

【課否判定等】

・課税物件表の第2文書（請負に関する契約書）に該当

・記載金額　1,000万円

・印紙税額　10,000円

✓ チェックポイント

① 作　成　者………発注者甲株式会社及び請負者株式会社乙

② 内　　　容………建設設計に係る請負契約書です。

③ 記載金額………「請負金額」である、設計金額になります。

　　　　　　　　　「文例40」の場合は、設計請負金額1,000万円が

　　　　　　　　　記載金額になります。

④ 判　　　定………記載金額1,000万円の第 2 号文書になります。

⑤ 印紙税額………課税物件表第 2 号文書の印紙税額欄にある「記載

　　　　　　　　　された契約金額が500万円を超え1,000万円以下」

　　　　　　　　　の間になります。

　　　　　　　　　なお、設計請負契約については、軽減措置が適

　　　　　　　　　用されないので、本則税率の10,000円になります。

　発注者甲株式会社及び請負者株式会社乙の共同作成による課税文書になりますので甲株式会社及び株式会社乙が連帯納税義務者として収入印紙貼付及び消印をすることになります。

文例41 建設工事及び設計請負契約書（軽減）

建設工事及び設計請負契約書

平成31年4月1日

第1条　甲株式会社と株式会社乙は建物建設工事及び建物設計請負
　　　　契約を締結する。

第2条　工事請負金額　　50,000,000円
　　　　設計請負金額　　10,000,000円
　　　　　　　　　　（中略）

発注者　甲株式会社
請負者　株式会社乙

【課否判定等】

・課税物件表の第2文書（請負に関する契約書）に該当

・記載金額　6,000万円

・印紙税額　30,000円

✓ チェックポイント

① 作 成 者………発注者甲株式会社及び請負者株式会社乙

② 内　　容………建設工事及び設計に係る請負契約書です。

③ 記載金額………一つの文書に同一の号に所属する課税事項の記載
　　　　　　　　　金額が2以上ある場合には、これらの金額を合計
　　　　　　　　　したものがその文書の記載金額になります。
　　　　　　　　　　「請負金額」である、工事請負金額と設計請負
　　　　　　　　　金額を合計したものになります。
　　　　　　　　　　「文例41」の場合、工事請負金額は5,000万円、

設計請負金額は1,000万円と記載がありますから

のそれぞれの金額を合計した6,000万円が記載金

額になります。

④　判　　定………記載金額6,000万円の第2号文書になります。

⑤　印紙税額………課税物件表第2号文書の印紙税額欄にある「記載

された契約金額が5,000万円を超え1億円以下」

の間になります。

なお、軽減措置が適用されますので30,000円に

なります。

建設工事の請負に関する契約書に建設工事以外

の請負に関する事項が併記されたものは、その合計

した記載金額で軽減措置を適用することになります。

発注者甲株式会社及び請負者株式会社乙の共同作成による課税文書

になりますので甲株式会社及び株式会社乙が連帯納税義務者として収

入印紙貼付及び消印をすることになります。

【解　　説】

建設工事の請負に関する契約書に建設工事以外の請負に係る事項が併記

された契約書は、それぞれを合計した契約金額に応じて、適用される印紙

税額を判断することになります。

建設工事の請負に関する契約に基づき作成される契約書であれば、その

契約書に建設工事以外の請負に係る事項が併記されていても、軽減措置の

対象になります。

(関係法令等)

・措法第91条

・基通第24条(1)

文例42　建設工事請負契約変更契約書（増額変更）

建設工事請負契約変更契約書

令和元年5月1日

　平成31年4月1日付で契約した○○ビル建設工事については下記の
とおり契約金額を変更することを約定する。

記

原契約金額	30,000,000	円
変更契約金額	40,000,000	円
増額契約金額	10,000,000	円

（中略）

発注者　甲株式会社

請負者　株式会社乙

【課否判定等】

・課税物件表の第2文書（請負に関する契約書）に該当

・記載金額　1,000万円

・印紙税額　5,000円

✓ チェックポイント

① 作 成 者………発注者甲株式会社及び請負者株式会社乙

② 内　　 容………既に契約した「建設工事請負契約書」（原契約書と言います。）に係る第 2 号文書の重要事項である記載金額を変更するもの（変更契約書と言います。）です。

③ 記載金額………変更契約書の記載金額は、変更前の契約書の作成が明らかであるかによって、判断することになります。

　　　　　　　　　「文例42」の場合、変更前の原契約書の作成が明らかであり、原契約3,000万円を1,000万円増額して4,000万円に変更する内容となっていますので、増額された1,000万円が記載金額になります。

④ 判　　 定………記載金額1,000万円の第 2 号文書になります。

⑤ 印紙税額………課税物件表第 2 号文書の印紙税額欄にある「記載された契約金額が500万円を超え1,000万円以下」の間になります。

　　　　　　　　　なお、軽減措置が適用されますので5,000円になります。

　発注者甲株式会社及び請負者株式会社乙の共同作成による課税文書になりますので、甲株式会社及び株式会社乙が連帯納税義務者として収入印紙貼付及び消印をすることになります。

文例43　建設工事請負契約変更契約書（減額変更）

建設工事請負契約変更契約書

令和元年 5 月 1 日

　平成31年 4 月 1 日付で契約した○○ビル建設工事については下記のとおり契約金額を変更することを約定する。

記

原契約金額	30,000,000	円
変更契約金額	20,000,000	円
減額契約金額	10,000,000	円

（中略）

発注者　甲株式会社

請負者　株式会社乙

【課否判定等】

・課税物件表の第 2 号文書（請負に関する契約書）に該当

・記載金額　なし

・印紙税額　200円

✓ チェックポイント

① 作 成 者………発注者甲株式会社及び請負者株式会社乙

② 内　　容………既に契約した「建設工事請負契約書」（原契約書
と言います。）に係る第 2 号文書の重要事項（課
税事項）である契約金額を変更するもの（変更契
約書と言います。）です。

③ 記載金額………変更契約書の記載金額は、変更前の契約書の作成
が明らかであるかによって、判断することになり
ます。
　　　　　　　　　　「文例43」の場合、変更前の原契約書の作成が
明らかでありますが、原契約3,000万円を1,000万
円減額して2,000万円に変更する内容となってい
ますので、減額を内容とするものは、記載金額が
ないものになります。

④ 判　　定………記載金額のない第 2 号文書になります。

⑤ 印紙税額………課税物件表第 2 号文書の印紙税額欄にある「契約
金額の記載のないものが」適用され、200円にな
ります。

　発注者甲株式会社及び請負者株式会社乙の共同作成による課税文書
になりますので、甲株式会社及び株式会社乙が連帯納税義務者として
収入印紙貼付及び消印をすることになります。

【解　　説】

　変更契約書又は補充契約書は、基通別表第２に掲げる一定の重要事項を変更又は補充する文書だけが、課税されます。（収入印紙貼付が必要）

　記載金額は、その重要な事項に該当することから「建設工事契約」に限らず、記載金額を変更する契約書は課税文書となりその記載金額は、変更前の契約書の作成が明らかであるかによって、その判定をすることになります。

　具体的な例示は、「文例４」の解説（14ページ参照）を参考にしてください。

関係法令等

・通則４ニ

・措法第91条

・基通別表第２　　４

文例44　清掃請負契約書（期間あり①）

清掃請負契約書

　株式会社　　　（以下「甲」という。）と株式会社　　　（以下「乙」という。）は甲が所有する建物の清掃に関する業務を乙に委託することを約して、次のとおり契約する。

（清掃の範囲）
第１条　清掃の範囲は、甲が所有する建物（８階建てビル）とする。
　　　　清掃の要領等は、別添の仕様書のとおりとする。

（清掃費）
第２条　清掃費は、毎月100万円とし、乙は当月分の請求書を翌月10日までに甲に提出し、甲は月末に乙に支払う。

（中略）

（契約期間）
第10条　契約期間は、○○年４月１日から１年とする。
　　　　ただし、期間満了２か月前までに甲乙間に何ら意思表示がない場合は、さらに１年間契約を延長するものとし、爾後この例による。

（中略）

　以上の契約を証するため本契約書を２通作成し、甲乙各自が署名押印し、甲乙各１通を保管する。
　　年　　月　　日
　　　　　　　　甲
　　　　　　　　乙

【課否判定等】

・課税物件表の第２号文書（請負に関する契約書）に該当

・記載金額　1,200万円

・印紙税額　20,000円

✓ チェックポイント

① 作成者………株式会社（甲）及び株式会社（乙）

② 内　　容………建物等を清掃することは、無形の仕事の完成であり、この仕事を報酬（対価）を得て行う契約は、第2号文書（請負）になります。

　　　　　　　　　また、営業者間において請負に関する2以上の取引を継続して行うため作成される契約書で、「目的物の種類」・「単価」・「支払方法」を定めるものですから第7号文書（継続的取引）にもなります。

③ 記載金額………月単位等で契約金額を定めている契約書で、契約期間の記載のあるものはその月単位等の金額に記載された契約期間の月数を乗じて計算された金額を記載金額とします。

　　　　　　　　　契約期間の記載がないものは、記載金額なしとなります。

　　　　　　　　　「文例44」の場合は、第2条「清掃費」の欄に月当たりの単価の記載があり、契約期間も1年間と記載されていますので、100万円×12か月の計算式により1,200万円と計算できますから、計算された1,200万円が記載金額になります。

④ 判　　定………当該契約書は、第2号文書（請負）と第7号文書（継続的取引）の2つの課税事項がありますので所属の決定をしなければなりません。その場合、記載金額があれば、第2号文書、記載金額がなけ

れば第7号文書になります。

　　「文例44」の場合は、記載金額が計算できます
ので、記載金額1,200万円の第2号文書になりま
す。

⑤　印紙税額………課税物件表第2号文書の印紙税額欄にある「記載
　　　　　　　　された契約金額が1,000万円を超え5,000万円以
　　　　　　　　下」の間になります。

　　　　　　　　　清掃請負契約は、軽減措置は適用されませんの
　　　　　　　　で本則税率の20,000円になります。

　株式会社（甲）及び株式会社（乙）の共同作成による課税文書にな
りますので（甲）及び（乙）が連帯納税義務者として収入印紙貼付及
び消印をすることになります。

文例45　清掃請負契約書（期間なし）

清掃請負契約書

　株式会社　　　　（以下「甲」という。）と株式会社　　　　（以下「乙」という。）は甲が所有する建物の清掃に関する業務を乙に委託することを約して、次のとおり契約する。

（清掃の範囲）

第１条　　清掃の範囲は、甲が所有する建物（８階建てビル）とする。
　　　　　清掃の要領等は、別添の仕様書のとおりとする。

（清掃費）

第２条　　清掃費は、毎月100万円とし、乙は当月分の請求書を翌月10日までに甲に提出し、甲は月末に乙に支払う。

（中略）

（契約期間）

第10条　　契約期間は、○○年４月１日からとする。

（中略）

　以上の契約を証するため本契約書を２通作成し、甲乙各自が署名押印し、甲乙各１通を保管する。

　　年　　月　　日

　　　　　　　　　　甲

　　　　　　　　　　乙

【課否判定等】

・課税物件表の第７号文書（継続的取引の基本となる契約書）に該当

・記載金額　なし

・印紙税額　4,000円

✓ チェックポイント

① 作 成 者………株式会社（甲）及び株式会社（乙）

② 内　　容………「文例44」と同様の内容です。第 2 号文書と第 7 号文書になります。

③ 記載金額………清掃費の欄に月当たりの契約金額の記載はありますが、契約期間はその始期の記載があるだけですので、当該文書の記載金額は、計算することができません。

　　　　　　　　したがって、「文例45」は、記載金額がない契約書になります。

④ 判　　定………記載金額がありませんので、第 7 号文書になります。

⑤ 印紙税額………課税物件表第 7 号文書の印紙税額欄にある「4,000円」になります。

　株式会社（甲）及び株式会社（乙）の共同作成による課税文書になりますので（甲）及び（乙）が連帯納税義務者として収入印紙貼付及び消印をすることになります。

【解　説】

　清掃請負契約は、第2号文書（請負に関する契約書）になります。

　また、営業者間において請負に関する2以上の取引を継続して行うため作成される契約書で、「目的物の種類」・「単価」・「支払方法」等を定めるものは、第7号文書（継続的取引の基本となる契約書）にもなります。

　第2号文書と第7号文書の2つの課税事項がある場合にはどちらの文書に該当するか決定しなければなりません。

　その場合、記載金額があれば、第2号文書、記載金額がなければ第7号文書になります。

【アドバイス】

　このように、記載金額の有無により、貼付する印紙税額にも差が出ます。

　契約内容に当事者双方問題なければ、記載金額をなしとする選択をすることにより、印紙税額の負担が軽減される場合もあります。

関係法令等

・通則3イ
・基通第29条

文例46　清掃請負契約書（期間あり②）

清掃請負契約書

　株式会社　　　（以下「甲」という。）と株式会社　　　　（以下「乙」という。）は甲が所有する建物の清掃に関する業務を乙に委託することを約して、次のとおり契約する。

（清掃の範囲）

第１条　　清掃の範囲は、甲が所有する建物（８階建てビル）とする。清掃の要領等は、別添の仕様書のとおりとする。

（清掃費）

第２条　　清掃費は、毎月100万円とし、乙は当月分の請求書を翌月10日までに甲に提出し、甲は月末に乙に支払う。

（中略）

（契約期間）

第10条　　契約期間は、2019年４月１日から2020年３月31日までとする。ただし、期間満了２か月前までに甲乙間に何ら意思表示がない場合は、さらに１年間契約を延長するものとし、爾後この例による。

（中略）

　以上の契約を証するため本契約書を２通作成し、甲乙各自が署名押印し、甲乙各１通を保管する。

2019年３月10日

甲
乙

【課否判定等】

・課税物件表の第２号文書（請負に関する契約書）に該当

・記載金額　1,200万円

・印紙税額　20,000円

✓ **チェックポイント**

① 作 成 者………株式会社（甲）及び株式会社（乙）

② 内　　容………建物等を清掃することは、無形の仕事の完成であり、この仕事を報酬（対価）を得て行う契約は、第2号文書（請負）になります。

　　　　　　　　また、営業者間において請負に関する2以上の取引を継続して行うため作成される契約書で、「目的物の種類」・「単価」・「支払方法」を定めるものですから第7号文書（継続的取引）にもなります。

③ 記載金額………月単位等で契約金額を定めている契約書で、契約期間の記載のあるものはその月単位等の金額に記載された契約期間の月数を乗じて計算された金額を記載金額とします。

　　　　　　　　契約期間の記載がないものは、記載金額なしとなります。

　　　　　　　　「文例46」の場合は、第2条「清掃費」の欄に月当たりの単価の記載があり、契約期間も1年間と記載されていますので、100万円×12か月の計算式により1,200万円と計算できますから、計算された1,200万円が記載金額になります。

④ 判　　定………当該契約書は、第2号文書（請負）と第7号文書（継続的取引）の2つの課税事項がありますので所属の決定をしなければなりません。その場合、記載金額があれば、第2号文書、記載金額がなけ

れば第７号文書になります。

　「文例46」の場合は、記載金額が計算できますので、記載金額1,200万円の第２号文書になります。

⑤　印紙税額………課税物件表第２号文書の印紙税額欄にある「記載された契約金額が1,000万円を超え5,000万円以下」の間になります。

　なお、清掃請負契約は、軽減措置が適用されませんので本則税率の20,000円になります。

　株式会社（甲）及び株式会社（乙）の共同作成による課税文書になりますので（甲）及び（乙）が連帯納税義務者として収入印紙貼付及び消印をすることになります。

文例47　清掃請負変更契約書（期間なし月額単価変更）

清掃請負変更契約書

　株式会社　　　（以下「甲」という。）と株式会社　　　（以下「乙」という。）は<u>2019年3月10日に締結した「清掃請負契約書」（以下「原契約」という。）の第2条（清掃費）について、下記のとおり変更する。</u>

記

（清掃費）

　<u>原契約の月額清掃費を2019年10月1日から110万円とする。</u>

（中略）

　以上の契約を証するため本契約書を2通作成し、甲乙各自が署名押印し、甲乙各1通を保管する。

2019年9月10日

甲
乙

【課否判定等】

・課税物件表の第7号文書（継続的取引に関する契約書）に該当

・記載金額　なし

・印紙税額　4,000円

✓ チェックポイント

① 作　成　者………株式会社（甲）及び株式会社（乙）

② 内　　　容………「文例46」を原契約としてその月額清掃費を変更
する契約書です。月額清掃費（単価）は、第２号
文書及び第７号文書の重要事項になりますので、
この変更契約書も原契約書と同様に第２号文書と
第７号文書になります。

③ 記載金額………変更契約書には、変更後の月額清掃費の記載はあ
りますが、その始期しか記載されていませんので
契約期間の記載がありません。
　　　　　　　したがって、記載金額の計算ができませんので、
記載金額がない文書になります。

④ 判　　　定………第２号文書及び第７号文書の所属の決定は、記載
金額があるかないかにより判定します。
　　　　　　　「文例47」の場合は、記載金額がないので、第
７号文書になります。

⑤ 印紙税額………第７号文書の印紙税額欄にある「4,000円」にな
ります。

　株式会社（甲）及び株式会社（乙）の共同作成による課税文書にな
りますので（甲）及び（乙）が連帯納税義務者として収入印紙貼付及
び消印をすることになります。

文例48　清掃請負変更契約書（期間内の月額単価増額変更①）

清掃請負変更契約書

　株式会社　　　　（以下「甲」という。）と株式会社　　　　（以下「乙」という。）は2019年3月10日に締結した「清掃請負契約書」（以下「原契約」という。）の第2条（清掃費）について、下記のとおり変更する。

記

（清掃費）

　原契約の月額清掃費100万円を2019年10月1日から2020年3月31日まで110万円とする。

（中略）

　以上の契約を証するため本契約書を2通作成し、甲乙各自が署名押印し、甲乙各1通を保管する。

2019年9月10日

甲
乙

【課否判定等】

・課税物件表の第2号文書（請負に関する契約書）に該当

・記載金額　60万円

・印紙税額　200円

✓ チェックポイント

①　作成者………株式会社（甲）及び株式会社（乙）

②　内　　容………「文例46」を原契約としてその月額清掃費を変更する契約書です。月額清掃費（単価）は、第2号

文書及び第７号文書の重要事項になりますので、この変更契約書も原契約書と同様に第２号文書と第７号文書になります。

③　記載金額………変更契約書に係る記載金額は、変更前の契約金額を記載した契約書の作成が明らかな場合、変更前の契約金額を増額させるものは、その増加額が記載金額となります。

　　　　　　また、月単位等で契約金額を定めている契約書で、契約期間の記載のあるものはその月単位等の金額に記載された契約期間の月数を乗じて計算された金額を記載金額とします。

　　　　　　契約期間の記載がないものは、記載金額なしとなります。

　　　　　　「文例48」の場合は、（110万円－100万円）×6か月＝60万円と記載金額が計算できます。

④　判　　　定………当該契約書は、第２号文書と第７号文書の２つの課税事項がありますので所属の決定を決定しなければなりません。その場合、記載金額があれば第２号文書、記載金額がなければ第７号文書になります。

　　　　　　「文例48」の場合は、記載金額が計算できますので、記載金額60万円の第２号文書になります。

⑤　印紙税額………課税物件表第２号文書の印紙税額欄にある「記載された契約金額が１万円以上100万円以下」の間になります。

　　　　　　なお、清掃請負は軽減措置が適用されませんの

で本則税率の200円になります。

　株式会社（甲）及び株式会社（乙）の共同作成による課税文書になりますので（甲）及び（乙）が連帯納税義務者として収入印紙貼付及び消印をすることになります。

ひとくちメモ　**こんな業種にこんな文書が【サービス業編】**

第2号文書………業務委託契約書、承り証、設計委託契約書、保守契約書、注文書、注文請書、開発契約書、製作契約書

第7号文書………○○取引基本契約書、単価決定通知書

第17号の1文書…領収書、お預り証、レシート

　㊟　一般的に作成が見込まれる文書を掲載しました、実際の課否判定はその記載内容を確認する必要がありますのでご留意ください。

文例49 清掃請負変更契約書（期間内の月額単価減額変更②）

清掃請負変更契約書

　株式会社　　　　（以下「甲」という。）と株式会社　　　　（以下「乙」という。）は2019年3月10日に締結した「清掃請負契約書」（以下「原契約」という。）の第2条（清掃費）について、下記のとおり変更する。

記

（清掃費）
　原契約の月額清掃費100万円を2019年10月1日から2020年3月31日まで90万円とする。

（中略）

　以上の契約を証するため本契約書を2通作成し、甲乙各自が署名押印し、甲乙各1通を保管する。

2019年9月10日

甲
乙

【課否判定等】

・課税物件表の第2号文書（請負に関する契約書）に該当

・記載金額　なし

・印紙税額　200円

✓ チェックポイント

① 作 成 者………株式会社（甲）及び株式会社（乙）

② 内　　　容………「文例46」を原契約としてその月額清掃費を変更する契約書です。月額清掃費（単価）は、第2号文書及び第7号文書の重要事項になりますので、この変更契約書も原契約書と同様に第2号文書と第7号文書になります。

③ 記載金額………変更契約書に係る記載金額は、変更前の契約金額を記載した契約書の作成が明らかな場合、変更前の契約金額を減額させるものは、記載金額なしとなります。

　　　　　　　　また、月単位等で契約金額を定めている契約書で、契約期間の記載のあるものはその月単位等の金額に記載された契約期間の月数を乗じて計算された金額を記載金額とします。

　　　　　　　　契約期間の記載がないものは、記載金額なしとなります。

　　　　　　　　「文例49」の場合は、記載金額を計算することができますが、変更金額が変更前の記載金額を減額させますから、記載金額はなしになります。

④ 判　　　定………当該契約書は、第2号文書と第7号文書の2つの課税事項がありますので所属の決定をしなければなりません。その場合、記載金額があれば、第2号文書、記載金額がなければ第7号文書になります。

　　　　　　　　「文例49」の場合は、記載金額が計算できます
　　　　　　　　が、減額変更ですので記載金額のない第 2 号文書
　　　　　　　　になります。
⑤　印紙税額………記載金額がありませんので、課税物件表第 2 号文
　　　　　　　　書の印紙税額欄にある「契約金額の記載のないも
　　　　　　　　の」200円になります。
　株式会社（甲）及び株式会社（乙）の共同作成による課税文書にな
りますので（甲）及び（乙）が連帯納税義務者として収入印紙貼付及
び消印をすることになります。

文例50 清掃請負変更契約書
（期間内と期間外の月額単価増額変更①）

清掃請負変更契約書

　株式会社　　　　（以下「甲」という。）と株式会社　　　　（以下「乙」という。）は2019年3月10日に締結した「清掃請負契約書」（以下「原契約」という。）の第2条（清掃費）について、下記のとおり変更する。

記

（清掃費）
　原契約の月額清掃費100万円を2019年10月1日から2020年9月30日まで110万円とする。

（中略）

　以上の契約を証するため本契約書を2通作成し、甲乙各自が署名押印し、甲乙各1通を保管する。
2019年9月10日

甲
乙　　　　

【課否判定等】

・課税物件表の第2号文書（請負に関する契約書）に該当

・記載金額　720万円

・印紙税額　10,000円

✓ チェックポイント

① 作成者………株式会社（甲）及び株式会社（乙）

② 内　　容………「文例46」を原契約としてその月額清掃費を変更する契約書です。月額清掃費（単価）は、第2号

　　　　　　　　文書及び第 7 号文書の重要事項になりますので、
　　　　　　　　この変更契約書も原契約書と同様に第 2 号文書と
　　　　　　　　第 7 号文書になります。
③　記載金額………原契約書で定められた期間内及びその期間を超え
　　　　　　　　た変更契約書の場合の記載金額の計算は、次のよ
　　　　　　　　うになります。
　イ　原契約で定められた期間内（2019年10月 1 日〜2020年 3 月31日）
　　　（110万円−100万円）× 6 か月＝60万円
　ロ　原契約で定められた期間を超えた期間（2020年 4 月 1 日〜2020
　　　年 9 月30日）110万円× 6 か月＝660万円
　　　記載金額はイとロの金額を合計した720万円になります。
④　所属決定………当該契約書は、第 2 号文書と第 7 号文書の 2 つの
　　　　　　　　課税事項がありますので所属の決定をしなければ
　　　　　　　　なりません。その場合、記載金額があれば、第 2
　　　　　　　　号文書、記載金額がなければ第 7 号文書になります。
　　　　　　　　　「文例50」の場合は、記載金額が計算できます
　　　　　　　　ので、記載金額720万円の第 2 号文書になります。
⑤　印紙税額………課税物件表第 2 号文書の印紙税額欄にある「記載
　　　　　　　　された契約金額が500万円以上1,000万円以下」の
　　　　　　　　間になります。
　　　　　　　　　なお、清掃請負契約は軽減措置が適用されませ
　　　　　　　　んので本則税率の10,000円になります。
　株式会社（甲）及び株式会社（乙）の共同作成による課税文書にな
りますので（甲）及び（乙）が連帯納税義務者として収入印紙貼付及
び消印をすることになります。

文例51　清掃請負変更契約書
（期間内と期間外の月額単価減額変更②）

清掃請負変更契約書

　株式会社　　　　（以下「甲」という。）と株式会社　　　　（以下「乙」という。）は2019年３月10日に締結した「清掃請負契約書」（以下「原契約」という。）の第２条（清掃費）について、下記のとおり変更する。

記

（清掃費）
　原契約の月額清掃費100万円を2019年10月１日から2020年９月30日まで90万円とする。

（中略）

　以上の契約を証するため本契約書を２通作成し、甲乙各自が署名押印し、甲乙各１通を保管する。
2019年９月10日

甲
乙

【課否判定等】

・課税物件表の第２号文書（請負に関する契約書）に該当

・記載金額　540万円

・印紙税額　10,000円

✓ チェックポイント

① 作　成　者………株式会社（甲）及び株式会社（乙）

② 内　　　容………「文例46」を原契約としてその月額清掃費を変更する契約書です。月額清掃費（単価）は、第２号文書及び第７号文書の重要事項になりますので、

この変更契約書も原契約書と同様に第２号文書と
第７号文書になります。

③　記載金額………原契約書で定められた期間内及びその期間を超え
た変更契約書ですので、記載金額の計算は、次の
ようになります。

イ　原契約で定められた期間内(2019年10月１日〜2020年３月31日)
(90万円−100万円)×６か月＝△60万円(減額の場合記載金額なし)

ロ　原契約で定められた期間を超えた期間（2020年４月１日〜2020
年９月30日）
90万円×６か月＝540万円

イは、記載金額になりませんのでロの金額、540万円のみになります。

④　所属決定………当該契約書は、第２号文書と第７号文書の２つの
課税事項がありますので所属の決定をしなければ
なりません。その場合、記載金額があれば、第２
号文書、記載金額がなければ第７号文書になります。
　「文例51」の場合は、記載金額が計算できます
ので、記載金額540万円の第２号文書になります。

⑤　印紙税額………課税物件表第２号文書の印紙税額欄にある「記載
された契約金額が500万円以上1,000万円以下」の
間になります。
　なお、清掃請負契約は軽減措置が適用されませ
んので本則税率の10,000円になります。

　株式会社（甲）及び株式会社（乙）の共同作成による課税文書にな
りますので（甲）及び（乙）が連帯納税義務者として収入印紙貼付及
び消印をすることになります。

文例52　清掃請負変更契約書（期間外の月額単価増額変更①）

清掃請負変更契約書

　株式会社　　　　（以下「甲」という。）と株式会社　　　　（以下「乙」という。）は2019年 3 月10日に締結した「清掃請負契約書」（以下「原契約」という。）の第 2 条（清掃費）について、下記のとおり変更する。

記

（清掃費）

　原契約の月額清掃費100万円を2020年 4 月 1 日から2021年 3 月31日まで110万円とする。

（中略）

　以上の契約を証するため本契約書を 2 通作成し、甲乙各自が署名押印し、甲乙各 1 通を保管する。

2020年 3 月10日

甲

乙

【課否判定等】

・課税物件表の第 2 号文書（請負に関する契約書）に該当します。

・記載金額　1,320万円

・印紙税額　20,000円

✓ **チェックポイント**

① 作 成 者………株式会社（甲）及び株式会社（乙）

② 内　　容………「文例46」を原契約としてその月額清掃費を変更
する契約書です。月額清掃費（単価）は、第２号
文書及び第７号文書の重要事項になりますので、
この変更契約書も原契約書と同様に第２号文書と
第７号文書になります。

③ 記載金額………原契約書で定められた期間を超えた変更契約書の
場合は、「当該文書に係る契約についての変更前
の契約金額等の記載のある文書がない」と取扱わ
れます。

　　　「文例52」の場合は、原契約書（2019年４月１
日～2020年３月31日）に対して変更契約書（2020
年４月１日～2021年３月31日）と原契約書で定め
られた期間を超えていますので、記載金額の計算
は、次のようになります。

　　　変更後110万円×12か月＝1,320万円が、記載金
額となります。

④ 判　　定………当該契約書は、第２号文書と第７号文書の２つの
課税事項がありますので所属の決定をしなければ
なりません。その場合、記載金額があれば、第２
号文書、記載金額がなければ第７号文書になります。

　　　「文例52」の場合は、記載金額が計算できます
ので、記載金額1,320万円の第２号文書になりま
す。

⑤　印紙税額………記載金額が計算できますので、第2号文書になります。

　　　課税物件表第2号文書の印紙税額欄にある「記載された契約金額が1,000万円以上5,000万円以下」の間になります。

　　　なお、清掃請負契約は軽減措置が適用されませんので本則税率の20,000円になります。

　株式会社（甲）及び株式会社（乙）の共同作成による課税文書になりますので（甲）及び（乙）が連帯納税義務者として収入印紙貼付及び消印をすることになります。

文例53　清掃請負変更契約書（期間外の月額単価増額変更②）

清掃請負変更契約書

　株式会社　　　　　（以下「甲」という。）と株式会社　　　　　（以下「乙」という。）は2020年 3 月10日に締結した「清掃請負変更契約書」（以下「原契約」という。）の清掃費について、下記のとおり変更する。

記

（清掃費）

　原契約の月額清掃費110万円を2021年 4 月 1 日から2022年 3 月31日まで120万円とする。

（中略）

　以上の契約を証するため本契約書を 2 通作成し、甲乙各自が署名押印し、甲乙各 1 通を保管する。

2021年 3 月10日

甲
乙

【課否判定等】

・課税物件表の第 2 号文書（請負に関する契約書）に該当

・記載金額　1,440万円

・印紙税額　20,000円

✔ チェックポイント

① 作 成 者………株式会社（甲）及び株式会社（乙）

② 内　　容………変更契約書の「文例52」を原契約としてその月額清掃費を変更する契約書です。月額清掃費（単価）は、第 2 号文書及び第 7 号文書の重要事項になり

ますので、この変更契約書も原契約書と同様に第
２号文書と第７号文書になります。

③　記載金額………原契約書で定められた期間を超えた変更契約書の
場合は、「当該文書に係る契約についての変更前
の契約金額等の記載のある文書がない」と取扱わ
れます。

　　　　　「文例53」の場合は、原契約書（2020年４月１
日〜2021年３月31日）に対して変更契約書（2021
年４月１日〜2022年３月31日）と原契約書で定め
られた期間を超えていますので、記載金額の計算
は、次のようになります。

　　　　　変更後120万円×12か月＝1,440万円が、記載金
額となります。

④　判　　定………当該契約書は、第２号文書と第７号文書の２つの
課税事項がありますので所属の決定をしなければ
なりません。その場合、記載金額があれば、第２
号文書、記載金額がなければ第７号文書になります。

　　　　　「文例53」の場合は、記載金額が計算できます
ので、記載金額1,440万円の第２号文書になりま
す。

⑤　印紙税額………課税物件表第２号文書の印紙税額欄にある「記載
された契約金額が1,000万円以上5,000万円以下」
の間になります。

　　　　　なお、清掃請負契約は軽減措置が適用されませ
んので本則税率の20,000円になります。

　株式会社（甲）及び株式会社（乙）の共同作成による課税文書にな

りますので（甲）及び（乙）が連帯納税義務者として収入印紙貼付及
び消印をすることになります。

【解　説】

　変更契約書の印紙税の取扱いについては、文例「4」で解説（14ページ
参照）したとおり、

① 　変更前の契約金額等の記載のある文書が作成されていることが明ら
　　か

② 　変更後の文書に、変更金額が記載されている

③ 　変更金額を変更後の文書の記載金額とし

④ 　変更前の契約金額を増加させるものは、増加変更金額を記載金額

⑤ 　変更前の契約金額を減少させるものは、記載金額はないもの

　　とします。

　「文例47」〜「文例53」のような継続する取引に係る契約書の月額単価
を変更する場合にも適用されますが、注意すべき点は、当初契約（原契
約）の契約期間を超えた場合に、超えた期間においては「変更前の契約金
額等の記載ある文書」はありませんので、超えた契約期間については、新
規で契約書を作成したことになりますので、契約金額等もその増加後又は
減少後の金額で計算することになります。

関係法令等

・通則4ニ

・基通第29条

文例54　修理品お預り証（請負契約）

年　　月　　日

修 理 品 お 預 り 証

甲山　次郎　様

　下記のとおり、お預りしました。

記

　　　1　お預かり品　　　　〇社製　　腕時計

　　　2　修理内容　　　　　分解掃除

　　　3　修理金額（予定）　10,000円

　　　4　出来上がり期日　　〇年〇月〇日

　　　お預け品をお受け取りの際には、必ず本証をご持参く

ださい。

名古屋市中区〇〇

　　　〇〇百貨店　時計売り場　　担当者　

【課否判定等】

・課税物件表の第2号文書（請負に関する契約書）に該当

・記載金額　10,000円

・印紙税額　200円

✓ チェックポイント

① 作 成 者………○○百貨店

② 内　　容………文書表題は、「修理品お預り証」になっています
が、お客様からの修理（分解掃除）の申込みに対
して、時計の修理という仕事の完成を約した請負
の応諾事実を証明していますので、契約書となり
第 2 号文書になります。

③ 記載金額………文書に記載された請負金額です。
「文例54」の場合は、修理金額（予定）に記載
された10,000円が記載金額になります。

④ 判　　定………記載金額10,000円の第 2 号文書になります。

⑤ 印紙税額………課税物件表第 2 号文書の印紙税額欄にある「記載
された契約金額が 1 万円以上100万円以下」の間
になります。
なお、修理契約は軽減措置が適用されませんの
で本則税率の200円になります。

　○○百貨店の単独作成による課税文書になりますので、○○百貨店
が納税義務者として収入印紙貼付及び消印をすることになります。

文例55　お預り証（不課税）

　　　　　　　　　　　　　　　　　　　　　　　　年　　月　　日

　　　　　　　　　　　お　預　り　証

甲山　次郎　様

　　下記のとおり、お預りしました。

　　　　　　　　　　　　　　　　記

　　1　お預かり品　　　　　○社製　　腕時計

　　　お預け品をお受け取りの際には、必ず本証をご持参く

ださい。

　　名古屋市中区○○

　　　　　○○百貨店　時計売り場　　担当者　

【課否判定等】

・不課税文書

```
✓ チェックポイント

①　内　　容………「お預り証」の標題のとおり、「時計」を預かっ
　　　　　　　　　　た事実のみを記載した文書であり、修理内容の記
　　　　　　　　　　載もありません。
②　判　　定………「物品の預り証」として不課税文書になりますの
　　　　　　　　　　で収入印紙貼付の必要はありません。
```

【解　説】

　百貨店等が、販売した物品の修理、加工をお客様から依頼を受けた際に作成交付する文書として、「預り証」、「修理票」等いろいろな名称なものがあります。

　その場合単なる「物品」の受領、預かり事実のみが記載されている「預り証」等は、課税文書になりませんが、「文例54」のように「仕事の内容」、「修理代金」、「出来上がり期日」など修理や加工内容等を証明しているものについては、請負契約の成立を証明するものとして、第 2 号文書になります。

　第 2 号文書は、その記載金額が10,000円未満のものは、非課税文書になり印紙貼付が必要になりませんので、明らかに修理金額が10,000円未満のものはその旨を記載すれば、仮に第 2 号文書に該当しても収入印紙貼付は必要ありません。

　なお、記載金額の記載がないときは、課税物件表第 2 号文書の印紙税額欄にある「契約金額の記載のないもの」になりますので、印紙税額は200円になります。

関係法令等

・通則 5
・基通第12条、第26条
・基通別表第 1 第 2 号文書 2(7)

第7号文書関係

文例56 単価決定通知書（協議に基づく・売買契約書）

年　月　日

甲　株式会社　様

株式会社　乙

単価決定通知書

　貴社との協議により、下記の通り単価を決定しましたので、ご通知します。

記

1　取引価格

品　　名	決　定　価　格（円）		摘　要
	1個当たり	1箱(12個入)当たり	
○○○	300	3,600	
△△△	600	7,200	

2　適用期間
　　○年○月○日売買取引開始時から次回改定時までとする。
3　その他
　　価格は、貴社倉庫渡し価格とし、消費税及び地方消費税は含まないものとする。

【課否判定等】

・課税物件表の第7号文書（継続的取引の基本となる契約書）に該当

・記載金額　なし

・印紙税額　4,000円

✓ チェックポイント

① 作 成 者………株式会社乙

② 内　　容………継続して行う売買契約に適用される単価を定めた
　　　　　　　　　 もので、当事者間で協議の上、単価を決定した旨
　　　　　　　　　の記載があることから契約書になります。

　　　　　　　　　　営業者間において売買に関する 2 以上の取引を
　　　　　　　　　継続して行うため作成される契約書で、「目的物
　　　　　　　　　の種類」・「単価」・「支払方法」等を定めるものは、
　　　　　　　　　第 7 号文書になります。

③ 記載金額………なし（単価は記載金額になりません。）

④ 判　　定………第 7 号文書になります。

⑤ 印紙税額………第 7 号文書の印紙税額欄にある「4,000円」にな
　　　　　　　　　ります。

　株式会社乙の単独作成による課税文書になりますので、株式会社乙
が納税義務者として収入印紙貼付及び消印をすることになります。

文例57　単価通知書（不課税）

```
                                              年　　月　　日

甲　株式会社　様
                                            株式会社　乙

                    単価通知書

　　下記の通り単価をご通知します。
                      記
1　取引価格
```

品　　　名	価　格（円）		摘　要
	1個当たり	1箱(12個入)当たり	
○○○	300	3,600	
△△△	600	7,200	

```
2　適用期間
　　○年○月○日売買取引開始時から次回改定時までとする。
3　その他
　　価格は、貴社倉庫渡し価格とし、消費税及び地方消費税は含まない
ものとする。
```

【課否判定等】

・不課税文書

✓ チェックポイント

① 　内　　容………単なる通知文書であり、契約書にはなりません。

② 　判　　定………契約書にならず他の課税事項もありませんので不
　　　　　　　　　　課税文書になり、収入印紙貼付は必要ありません。

文例58　単価決定通知書（協議に基づく・加工契約書）

年　　月　　日

甲　株式会社　様

株式会社　乙

単価決定通知書

　貴社との協議により、下記の通り単価を決定しましたので、ご通知します。

記

1　取引価格

品　　　名	決 定 価 格（円）		摘　　要
	1 個当たり	1 箱(12個入)当たり	
○○○	300	3,600	
△△△	600	7,200	

2　適用期間

　○年○月○日加工取引開始時から次回改定時までとする。

3　その他

　価格は、貴社倉庫渡し価格とし、消費税及び地方消費税は含まないものとする。

【課否判定等】

・課税物件表の第 7 号文書（継続的取引の基本となる契約書）に該当

・記載金額　なし

・印紙税額　4,000円

✓ チェックポイント

① 作 成 者………株式会社乙

② 内　　　容………継続して行う加工（請負）取引契約に適用される単価を定めたもので、当事者間で協議の上、単価を決定した旨の記載があることから契約書になります。

　　　　　　　　　加工（請負）取引に係る単価を定めていますので、第2号文書になります。

　　　　　　　　　また、営業者間において請負に関する2以上の取引を継続して行うため作成される契約書で、「単価」を定めるものは、第7号文書にもなります。

③ 記載金額………なし（単価は記載金額になりません。）

④ 判　　　定………「文例58」は、第2号文書と第7号文書の2つの課税事項がありますので所属の決定を決定しなければなりません。その場合記載金額があれば、第2号文書、記載金額がなければ第7号文書になります。

　　　　　　　　　「文例58」の場合は、記載金額がないので、第7号文書になります。

⑤ 印紙税額………第7号文書の印紙税額欄にある「4,000円」になります。

　株式会社乙の単独作成による課税文書になりますので、株式会社乙が納税義務者として収入印紙貼付及び消印をすることになります。

文例59　単価通知書（見積単価了承・加工契約書）

年　　月　　日

甲　株式会社　様

株式会社　乙

単価通知書

下記の通り貴社からの見積単価を了承しご通知します。

記

1　取引価格

品　　名	価　格（円）		摘　要
	1個当たり	1箱(12個入)当たり	
○○○	300	3,600	
△△△	600	7,200	

2　適用期間

　○年○月○日加工取引開始時から次回改定時までとする。

3　その他

　価格は、貴社倉庫渡し価格とし、消費税及び地方消費税は含まない

ものとする。

【課否判定等】

・課税物件表の第7号文書（継続的取引の基本となる契約書）に該当

・記載金額　なし

・印紙税額　4,000円

✓ チェックポイント

① 作 成 者………株式会社乙

② 内　　　容………継続して行う加工（請負）取引契約に適用される
単価を定めたもので、相手方からの見積単価を承
諾し提出する旨の記載があることから契約書にな
ります。

　加工（請負）取引に係る単価を定めていますの
で、第2号文書になります。

　また、営業者間において請負取引に関する2以
上の取引を継続して行うため作成される契約書で、
「単価」を定めるものは、第7号文書にもなります。

③ 記載金額………なし（単価は記載金額になりません。）

④ 判　　　定………「文例59」は、第2号文書と第7号文書の2つの
課税事項がありますので所属の決定を決定しなけ
ればなりません。その場合記載金額があれば第2
号文書、記載金額がなければ第7号文書になります。

　「文例59」の場合は、記載金額がないので、第
7号文書になります。

⑤ 印紙税額………第7号文書の印紙税額欄にある「4,000円」にな
ります。

　株式会社乙の単独作成による課税文書になりますので、株式会社乙
が納税義務者として収入印紙貼付及び消印をすることになります。

【解　説】

「単価通知書等」は、通常単なる通知文書であり契約書にはなりません。

しかしながら、次のような「単価通知書等」は契約書に該当するものとして取扱います。

(1)　当該文書に当事者双方の署名又は押印のあるもの。

(2)　当該文書に「見積単価」及び「決定単価」、「申込単価」及び「決定単価」又は「見積 NO」等の記載があることにより、当事者間で協議の上単価を決定したと認められるもの。

(3)　委託先から見積書等として提出された文書に決定した単価等を記載して当該委託先に交付するもの。

(4)　当該文書に「契約単価」、「協定単価」又は「契約購入単価」等通常契約の成立事実を証すべき文言の記載があるもの。

(5)　当事者間で協議した上単価を、決定した文言の記載があるもの。

(6)　当事者間で協議した上決定した単価を、当該文書により通知することが基本契約書等に記載されているもの。

ただし、(2)～(6)に該当しても、契約の相手方当事者が別途承諾書等契約の成立の事実を証明する文書を作成する場合には、契約書とはなりません。

なお、別途作成する承諾書等契約の成立の事実を証明する文書が、課税文書になります。

関係法令等

・通則3イ、5

・基通第12条、第18条

文例60 売買取引基本契約書（継続的取引の基本となる契約書）

売買取引基本契約書

　株式会社　　（以下「甲」という。）と株式会社　　（以下「乙」という。）は甲の製造販売する商品の売買について、次のとおり契約する。

（売買条件）

第1条　売買商品の品名、数量、単価、引渡し条件は、個別契約により決定する。

（決済方法）

第2条　毎月10日を締日とし、翌月末日に甲の指定口座への振込みにより支払う。

（中略）

（契約期間）

第10条　契約期間は、○○年4月1日から1年とする。
　　　　ただし、期間満了2か月前までに甲乙間に何ら意思表示がない場合は、さらに1年間契約を延長するものとし、爾後この例による。

（中略）

　以上の契約を証するため本契約書を2通作成し、甲乙各自が署名押印し、甲乙各1通を保管する。

　　年　　月　　日

　　　　　　　　甲

　　　　　　　　乙

【課否判定等】

・課税物件表の第7号文書（継続的取引の基本となる契約書）に該当

・記載金額　なし

・印紙税額　4,000円

✓ **チェックポイント**

① 作 成 者………株式会社（甲）及び株式会社（乙）（営業者間）

② 内　　　容………商品売買取引

③ 契約期間………３か月超（１年間）

④ <u>取引条件………対価の支払い方法の定め</u>

　　　　　　　　　　　<u>（毎月10日締、翌月末、銀行振込）</u>

⑤ 判　　　定………第７号文書の要件を満たす記載があり第７号文書
　　　　　　　　　　になります。

⑥ 印紙税額………第７号文書の印紙税額欄にある「4,000円」にな
　　　　　　　　　　ります。

　株式会社（甲）及び株式会社（乙）の共同作成による課税文書になりますので（甲）及び（乙）が連帯納税義務者として収入印紙貼付及び消印をすることになります。

ひとくちメモ　こんな業種にこんな文書が【卸売業編】

第２号文書………承り票、修理等お預り証

第７号文書………○○取引基本契約書、単価決定通知書、覚書特約店
　　　　　　　　　　契約書、代理店契約書、リベート契約書

第17号の１文書…仮領収書、領収書、お預り証

第19号文書………代金受取通帳

　(注)　一般的に作成が見込まれる文書を掲載しました、実際の課否判
　　　定はその記載内容を確認する必要がありますのでご留意ください。

文例61　売買取引基本契約書（不課税）

売買取引基本契約書

　株式会社　　（以下「甲」という。）と株式会社　　（以下「乙」という。）は甲の製造販売する商品の売買について、次のとおり契約する。
（売買条件）
第1条　　売買商品の品名、数量、単価、引渡し条件は、個別契約により決定する。

(中略)

（契約期間）
第10条　　契約期間は、○○年4月1日から1年とする。
　　　　　ただし、期間満了2か月前までに甲乙間に何ら意思表示がない場合は、さらに1年間契約を延長するものとし、爾後この例による。

(中略)

　以上の契約を証するため本契約書を2通作成し、甲乙各自が署名押印し、甲乙各1通を保管する。
　　　年　　月　　日
　　　　　　　　　甲
　　　　　　　　　乙

【課否判定等】

・不課税文書

✓ チェックポイント

① 内　　容………「文例60」にある、①～③の要件の記載はありますが、第7号文書の要件である具体的な取引条件の記載はありません。

②　判　　定………第7号文書の要件の記載がありませんので、第7
　　　　　　　　　号文書になりません。
　　　　　　　　　　また、商品売買の取引契約であるので他の課税
　　　　　　　　文書にならないことから不課税文書になり、収入
　　　　　　　　印紙貼付は必要ありません。
　　ただし、別途定める個別契約について、取引条件を補充する内容で
　あれば、その作成された「個別契約書」が、第7号文書になる場合も
　あります。

【解　　説】

　印令第26条第1号に該当して第7号文書に判定されるものは、次の6要
件のすべてを満たすものになります。
　①　契約当事者が営業者どうしであること。
　②　契約期間が3か月を超えていること。
　（3か月以内であっても更新の定めのあるものは要件に含まれます。）
　③　売買、売買の委託、運送、運送取扱い又は請負のいずれかの取引に
　　関する契約であること。
　④　2以上の取引を継続して行うための契約であること。
　⑤　2以上の取引に共通して適用される取引条件のうち「目的物の種
　　類」、「取扱数量」「単価」、「対価の支払方法」、「債務不履行の場合の
　　損害賠償の方法」又は「再販売価格」のうち1以上の事項を定める契
　　約であること。
　⑥　電気又はガスの供給に関する契約でないこと。
　したがって、「文例60」は、前記6要件を満たしていることから、第7
号文書と判定されますが、「文例61」は、⑤の取引条件の記載がないこと
から、課税文書にはなりません。

〔参考〕

　　主な要件の具体的な内容は次のとおりです。

①　営業者………第17号文書（金銭等の受取書）に収入印紙が必要な
　　　　　　　　　者です。

②　目的物の種類………取引の対象の種類

　　　　　　　　　　　　売買であればその目的

　　　　　　　　　　　　請負であればその仕事の種類、内容

　　また、取引の対象としては、テレビ、ピアノといった物品の品
　名だけでなく、電気製品、楽器というように共通の性質を有する
　多数の物品等を包括する名称も含みます。

③　取扱数量………「1月当たりの取扱数量は100個以上とする。」

　　　　　　　　　　「1月当たりの最低取扱数量は100個とする。」

　　　　　　　　　　「1月当たりの取扱目標金額は10万円とする。」

　　　　　　　　　　等が該当します。

　　　　　　　　　　「毎月の取扱数量は各月における注文により決

　　　　　　　　　　定する。」は該当しません。

④　単価………「1個あたりの単価は100円とする。」

　　　　　　　　「1月当たり料金は10万円とする。」等が該当します。

　　　　　　　　「従来の単価の0.9掛とする。」、「時価」等は該当し

　　　　　　　　ません。

⑤　対価の支払方法………「毎月分を翌月10日に支払う。」、「60日手

　　　　　　　　　　　　　形で支払う」、「銀行振込により支払う。」、

　　　　　　　　　　　　　「借入金と相殺する。」等が該当します。

　　　　　　　　　　　　　単に支払場所を定めたもの、「相殺する

　　　　　　　　　　　　　ことができる。」は該当しません。

月締めの締日変更、振込先の銀行変更も
該当しません。

【アドバイス】

　第 7 号文書の判定は、その要件の記載があるかないかをよく検討することが必要です。

関係法令等

・課税物件表第 7 号文書（定義）
・印令第26条第 1 号
・基通別表第 1 第 7 号文書 1 ～13

ひとくちメモ　こんな業種にこんな文書が【小売業編】

第 1 号の 3 文書…建物賃貸借契約書（建設協力金等あり）

第 1 号の 4 文書…配送承り伝票

第 2 号文書………承り票、修理等お預り証、仕立伝票、引換券

第 7 号文書………○○取引基本契約書、販売業務委託契約書、覚書、
　　　　　　　　　特約店契約書、代理店契約書

第17号の 1 文書…領収書、お預り証、レシート、振替のお知らせ

　㊟　一般的に作成が見込まれる文書を掲載しました、実際の課否判
　　　定はその記載内容を確認する必要がありますのでご留意ください。

文例62　特約店契約書（継続的取引の基本となる契約書）

特約店契約書

　株式会社　　　（以下「甲」という。）と株式会社　　　（以下「乙」という。）は甲の製造販売する商品の売買について、次のとおり契約する。

（売買条件）

第1条　　売買商品の品名、数量、単価、引渡し条件は、個別契約により決定する。

（決済方法）

第2条　　毎月10日を締日とし、翌月末日に甲の指定口座への振込みにより支払う。

（中略）

（契約期間）

第10条　　契約期間は、○○年4月1日から1年とする。

　　　　　ただし、期間満了2か月前までに甲乙間に何ら意思表示がない場合は、さらに1年間契約を延長するものとし、爾後この例による。

（中略）

　以上の契約を証するため本契約書を2通作成し、甲乙各自が署名押印し、甲乙各1通を保管する。

　　　　年　　月　　日

　　　　　　　　　甲

　　　　　　　　　乙

【課否判定等】

・課税物件表の第 7 号文書（継続的取引の基本となる契約書）に該当

（印令第26条第 1 号に該当）

・記載金額　なし

・印紙税額　4,000円

✓ チェックポイント

① 作 成 者………株式会社（甲）及び株式会社（乙）（営業者間）

② 内　　容………商品売買取引（特約店契約）

③ 契約期間………3 か月超（1 年間）

④ 取引条件………対価の支払い方法の定め

（毎月10日締、翌月末、銀行振込）

⑤ 判　　定………第 7 号文書の要件を満たす記載があり、第 7 号文書になります。（印令第26条第 1 号）

⑥ 印紙税額………第 7 号文書の印紙税額欄にある「4,000円」になります。

　株式会社（甲）及び株式会社（乙）の共同作成による課税文書になりますので（甲）及び（乙）が連帯納税義務者として収入印紙貼付及び消印をすることになります。

文例63　代理店契約書（継続的取引の基本となる契約書）

代理店契約書

　株式会社　　（以下「甲」という。）と株式会社　　（以下「乙」という。）は甲の製造販売する商品の販売業務について、次のとおり委託契約する。

（委託条件）

第1条　　取扱商品の品名、数量、単価、引渡し条件、業務委託料は、個別契約により決定する。

（決済方法）

第2条　　業務委託料は毎月10日を締日とし、翌月末日に甲の指定口座への振込みにより支払う。

（中略）

（契約期間）

第10条　　契約期間は、○○年4月1日から1年とする。

ただし、期間満了2か月前までに甲乙間に何ら意思表示がない場合は、さらに1年間契約を延長するものとし、爾後この例による。

（中略）

　以上の契約を証するため本契約書を2通作成し、甲乙各自が署名押印し、甲乙各1通を保管する。

　　　年　　月　　日

　　　　　　　　　　甲

　　　　　　　　　　乙

【課否判定等】

・課税物件表の第 7 号文書（継続的取引の基本となる契約書）に該当

（印令第26条第 2 号に該当）

・記載金額　なし

・印紙税額　4,000円

> ✓ **チェックポイント**
>
> ① 作 成 者………株式会社（甲）及（乙）（営業者の間でなくても
> よい）
> ② 内　　容………商品の販売業務（代理店契約）
> ③ 契約期間………3 か月超（1 年間）
> ④ 取引条件………対価の支払い方法の定め
> （毎月10日締、翌月末、銀行振込）
> ⑤ 判　　定………第 7 号文書の要件を満たす記載があり、第 7 号文
> 書になります。（印令第26条第第 2 号該当）
> ⑥ 印紙税額………第 7 号文書の印紙税額欄にある「4,000円」にな
> ります。
>
> 　株式会社（甲）及び株式会社（乙）の共同作成による課税文書にな
> りますので（甲）及び（乙）が連帯納税義務者として収入印紙貼付及
> び消印をすることになります。

【解　　説】

　「文例62」は、製造業者等の特約店となって、製造販売する商品の売買取引を継続して行うことを内容とする契約書で、対価の支払い方法を定めています。

　したがって、印令第26条第1号の要件を満たしていますので、同号に規定する第7号文書になります。

　「文例63」は、製造販売する商品の販売業務を継続して委託するために作成された契約書で、委託される業務内容、対価の支払い方法を定めたものです。

　したがって、印令第26条第2号に規定する第7号文書になります。

【アドバイス】

　印令第26条第1号と印令第26条第2号の要件の違いは、契約当事者が誰であるかです。

　印令第26条第1号の契約当事者は、営業者の間が要件になります。

　印令第26条第2号の契約当事者は、両当事者となっていますので営業者に限りません。

関係法令等

・課税物件表第7号文書（定義）

・印令第26第1号、第2号

・基通別表第1第7号文書1〜13、16

○第 7 号文書の課否判定等フローチャート

（印令第26条第 1 号に該当するもの）

契約期間が 3 か月以内で
かつ
更新の定めがない

　はい

文書の中に
　他の課税事項ある場合
　　⇒他の課税文書
　課税事項ない場合
　　⇒不課税文書

　いいえ

・売買
・売買の委託
・運送　　　　いずれか
・運送の取扱い　に関する
・請負　　　　　契約か

　いいえ

文書の中に
　他の課税事項ある場合
　　⇒他の課税文書
　課税事項ない場合
　　⇒不課税文書

　はい

営業者間の契約か

　いいえ

〔売上に関する契約〕
　・不動産等……第 1 号の 1 文書
　・地上権等……第 1 号の 2 文書
　・債　　権……第 15 号文書
　・そ の 他……不課税文書

　はい

2 以上の取引を継続して行
うために作成された契約か

　いいえ

〔運送に関する契約〕
　　　……第 1 号の 4 文書

　はい

2 以上の取引に共通して適
用されるもののうち、
・目的物の種類・取扱数量
・単価・対価の支払方法
・債務不履行の場合の損害
　賠償金の方法
・再販売価格
のいずれかを定めた契約か

　いいえ

〔請負に関する契約〕
　　　……第 2 号文書

〔売買の委任に関する契約〕
　　　又は
〔運送の取扱いに関する契約〕
　　　……不課税文書

　はい

電気又はガスの供給に関す
るものか

　はい

　いいえ

第 1 号又は第 2 号文書に該
当するもので契約金額のあ
るものか

　はい

いいえ

第 7 号文書
（印令第 26 条第 1 号該当）

第13号文書関係

文例64　借入申込書（債務の保証に関する契約書）

借入申込書

年　　月　　日

甲　株式会社　御中

住所（所在地）

氏名（名称）

下記のとおり借入をしたいので、申込みします。

記

申込金額　　　　金　　　　　也

資金用途

返済方法

連帯保証人　　　住所

氏名　　　　　　　印

（保証人　ご本人様が自署押印願います。）

（以下略）

【課否判定等】

・課税物件表の第13文書（債務の保証に関する契約書）に該当

・記載金額　なし

・印紙税額　200円

✓ チェックポイント

① 作成者………連帯保証人

② 内　　容………借入申込書に連帯保証人が自署押印するものです。

③ 判　　定………借入申込書は、第1号の3文書（消費貸借に関する契約書）にはなりません。

　　　　　　　　ただし、連帯保証人の欄に、保証人となることを承諾した者がその事実を証明するために自署押印するものは、第13号文書（債務の保証に関する契約書）になります。

④ 印紙税額………課税物件表第13号文書の印紙税額欄にあるように、非課税の金額はありません。一律200円の印紙税額ですので、借入申込金額に関係なく、200円になります。

　連帯保証人の単独作成による課税文書になりますから、連帯保証人が納税義務者として、収入印紙貼付及び消印をすることになります。

文例65 借入申込書（不課税）

借入申込書

年　　月　　日

甲　株式会社　御中

住所（所在地）

氏名（名称）

下記のとおり借入をしたいので、申込みします。

記

申込金額　　　金　　　　　也

資金用途

返済方法

連帯保証予定人　住所

氏名　　　　　　　印

（申込人が保証予定者を記載してください）

（以下略）

【課否判定等】

・不課税文書

✓ チェックポイント

① 内　　　容………「文例64」とは違って連帯保証人の欄はその予定者を申込人が記載するものであり、債務保証を証明するために作成されるものではなく単なる「申込書」になります。

② 判　　　定………単なる「申込書」であり、不課税文書になります。

【解　　説】

　借入申込書は、金銭消費貸借契約の成立を証明するものではありませんので、第1号の3文書（消費貸借に関する契約書）にはなりません。

　しかしながら、当該借入申込書に併記した連帯保証人の事項は、保証人自身が保証人となることを承諾した者がその事実を証明するために「自署」、「押印」するものですから、第13号文書（債務の保証に関する契約書）になります。

　なお、借入申込者が保証人予定者として連帯保証人欄等に保証人の住所及び氏名を記載したもので、保証人の自署押印のないものは、単なる「申込書」であり第13号文書にはなりません。

【アドバイス】

　「借入申込書」には、契約当事者が了解し保証人予定者を借入申込者が記載するだけであれば、課税文書にはなりません。

関係法令等

・基通別表第1第13号文書3

第14号文書関係

文例66 預り証（金銭の受取書）

年　　月　　日

預　り　証

甲山　次郎　様

金　2,000,000円

　○年4月1日付建物賃貸借契約書の保証金として上記

金額をお預かりしました。

名古屋市中区○○

　　　　　　　株式会社　乙不動産　

【課否判定等】

・課税物件表の第17号の2文書（売上代金以外の金銭又は有価証券の受取
　書）に該当
・記載金額　200万円
・印紙税額　受取金額5万円以上であれば一律200円

✓ チェックポイント

① 作成者………株式会社乙不動産（営業者）

② 内　容………「預り証」になっていますがその内容は建物の賃
貸人が建物賃貸契約の保証金（賃貸人が建物の損
害等を担保するため預かるもの）の受領事実を証
明するものになります。

③ 判　定………相手方のために金銭を保管するものではありませ
んが、営業者が金銭を受け取っていることから第
17号文書の金銭等の受取書になります。
　　　　　　　　　ただし、保証金は、対価性がないことから売上
代金になりませんので、第17号の2文書になりま
す。

④ 印紙税額………課税物件表第17号の2文書の印紙税額にあるよう
に、受取金額5万円以上は、一律200円になりま
すので、200円になります。

　株式会社乙不動産が納税義務者として、収入印紙貼付及び消印をす
ることになります。

文例67　預り証（金銭の寄託に関する契約書）

年　　月　　日

預　り　証

甲山　次郎　様

金　2,000,000円

普通預金として上記金額をお預かりしました

口座番号　　　　1234567

名古屋市中区○○

○○銀行　△△支店　　取扱者　　○○　　

【課否判定等】

・課税物件表の第14号文書（金銭等の寄託に関する契約書）に該当

・記載金額　2,000,000円

・印紙税額　1円から一律200円

✓ チェックポイント

① 作 成 者………○○銀行

② 内　　容………「預り証」になっていますがその内容は、銀行の外
務員が得意先から普通預金に入金するために預か
った受領の事実を証明するために作成するもので、
預金種類、口座番号の記載があります。

③ 判　　定………預金として金銭を預かったことを証明する記載が
あることから第14号文書になります。

④ 印紙税額………課税物件表第14号文書の印紙税額欄にあるように
金額に関係なく一律200円になります。

　○○銀行が、納税義務者として、収入印紙貼付及び消印をすること
になります。

【解　　説】

1　寄託契約とは、当事者の一方が相手方のために物を保管する契約をいいます。

　　賃貸人が、建物の損害等を担保する目的で預かる保証金、敷金（賃貸借契約終了時に賃借人に返還されるもの）の預かりは第14号文書ではなく、第17号の2文書になります。

2　銀行等金融機関は、金銭を預かること（金銭の寄託）を主要業務としています。金銭を受領した際に作成する「預り証」等でその記載内容から金銭の寄託を証明することが明らかなもの（預金種類、口座番号の記載等があるもの）は、第14号文書になります。

　　しかしながら、金銭の受領事実のみを証明目的とするものは、第17号文書になります。

【アドバイス】

1　「預り証」の標題だけで判断するのでなく、その金銭の受領内容を確認します。

2　金銭の受領事実のみを証明する目的で作成交付するものは、第17号文書です。記載金額5万円未満の場合は非課税文書になります。

3　預金として金銭を受け入れた事実を証明する目的で作成交付するものは、第14号文書になります。

　　非課税規定はありません。

関係法令等

・通則5

・基通別表第1第14号文書2、3

ワンポイント　消印の方法は？

　消印する人は、文書の作成者に限られておらず、又、消印は印章でなくても署名でもよいとされています。

　したがって、作成者、代理人、従業員の印章又は署名であればどのようなものでも差し支えありません。

　しかし、単に斜線を引いただけでは消印にはなりません。

第17号文書関係

文例68　**領収書（作成者個人）**

　　　　　　　　　　　　　　　　　　　　　　　　　　年　　月　　日

領　収　書

甲　不動産株式会社　殿

下記の金額を領収いたしました。

　　　　　　　　　　　　　　　　　記

金　10,000,000円

　　　　○年4月1日付不動産売買契約書の売却代金
名古屋市中区○○

　　　　　　　　　　　　　　　　乙川太郎

【課否判定等】

・非課税文書

✓ チェックポイント

① 作 成 者………個人である土地所有者（営業者ではない）

② 内　　容………個人所有土地の売却代金の受取書

③ 判　　定………第17号文書の非課税欄にある営業に関しない受取
　　　　　　　　　書になり非課税文書になりますので、収入印紙貼
　　　　　　　　　付は必要ありません。

文例69　領収書（作成者株式会社）

年　　月　　日

領　収　書

甲　不動産株式会社　殿

下記の金額を領収いたしました。

記

金　10,000,000円

〇年４月１日付不動産売買契約書の売却代金
名古屋市中区〇〇

株式会社　乙

【課否判定等】

・課税物件表の第17号の１文書（売上代金に係る金銭又は有価証券の受取
　書）

・記載金額　1,000万円

・印紙税額　2,000円

✓ チェックポイント

①　作 成 者………株式会社乙（営業者）

②　内　　　容………法人所有土地の売却代金の受取書

③　記載金額………記載された受取金額　1,000万円

④　判　　　定………株式会社の行為は、すべて営業になります。

　　　　　　　　　　土地の売却代金は、売上代金になります。

⑤　印紙税額………課税物件表第17号の1文書印紙税額欄にある「記載された受取金額が500万円を超え1,000万円以下のもの」の間になりなります。

　　　　　　　　　印紙税額は、2,000円になります。

　株式会社乙が、納税義務者として、収入印紙貼付及び消印をすることになります。

【解　説】

1　営業とは、利益を得る目的で、同種の行為を継続、反復的に行うことをいいます。

　　営利目的があれば、利益がなかったとしても、また、初めに継続、反復の意思が、あれば1回で終わっても営業になります。

　　したがって、個人が私的財産を譲渡したときなどに作成交付する受取書は、営業に関しない受取書に該当し、印紙税法上非課税文書になります。

2　株式会社等営利法人は、すべて営業行為になります。

　　本業以外での受取書についてもすべて、営業に関する受取書に該当し、印紙税法上課税文書になります。

3　第17号文書は、「売上代金に係る金銭又は有価証券の受取書」（第17号の1文書）と「売上代金以外の金銭又は有価証券の受取書」（第17号の2文書）があります。

　　非課税となる記載された受取金額は5万円と同じですが、適用される印紙税額は第17号の1文書は階級税率、第17号の2文書は一律200円になります。

　　印紙税法に規定する「売上代金」とは、資産を譲渡し若しくは使用させること又は役務を提供することによる「対価」をいいます。

「対価性」の有無により、売上代金になるかならないかを判定します。

○　売上代金に該当する具体的な例示は、次のようなものになります。

(1)　資産を譲渡することの対価……商品の売上代金、資産の譲渡代金等

(2)　資産を使用させることの対価……不動産の賃貸料、リース料等

(3)　役務を提供することの対価……工事請負代金、運送料、保管料等

○　売上代金に該当しない具体的な例示は、次のようなものになります。

(1)　借入金、返済金の受取書

(2)　保証金、敷金の受取書

(3)　損害賠償金の受取書

(4)　預貯金の受取書

(5)　過払金の返還に伴う受取書

(6)　保険金の受取書

【関係法令等】

・課税物件表第17号文書

・基通別表第1第17号文書

文例70 領収書（消費税額等区分記載あり）

令和元年9月10日

領 収 書

甲 株式会社 殿

商品代金を下記のとおり領収いたしました。

記

金 10,800,000円

（内 消費税額等 800,000円）

名古屋市中区○○

株式会社 乙

【課否判定等】

・課税物件表の第17号の1文書（売上代金に係る金銭又は有価証券の受取
書）

・記載金額 1,000万円

・印紙税額 2,000円

✓ **チェックポイント**

① 作 成 者………株式会社乙（営業者）

② 内　　容………商品代金の受取書

③ 記載金額………記載された受取金額　1,000万円

　　　　　　　　　　受取金額は、1,080万円と記載してあります。

　　　　　　　　　　しかし、内書で消費税額等の金額80万円が区分

　　　　　　　　記載してありますので、その消費税額等は、受取

　　　　　　　　書の記載金額に含めず当該受取書の記載金額とし

　　　　　　　　て判定できます。

④ 判　　定………株式会社の行為は、すべて営業になります。

　　　　　　　　　　商品代金は、売上代金になります。

　　　　　　　　　　記載金額を1,000万円とする第17号の１文書に

　　　　　　　　なります。

⑤ 印紙税額………課税物件表第17号の１文書印紙税額欄にある「記

　　　　　　　　載された受取金額が500万円を超え1,000万円以下

　　　　　　　　のもの」の間になります。

　　　　　　　　　　印紙税額は、2,000円になります。

　株式会社乙が、納税義務者として、収入印紙貼付及び消印をすることになります。

文例71　領収書（消費税額等区分記載なし）

令和元年 9 月10日

領　収　書

甲　株式会社　殿

商品代金を下記のとおり領収いたしました。

記

金　10,800,000円

（消費税額等含む）

名古屋市中区〇〇

株式会社　乙

【課否判定等】

・課税物件表の第17号の１文書（売上代金に係る金銭又は有価証券の受取書）

・記載金額　1,080万円

・印紙税額　4,000円

✓ チェックポイント

① 作 成 者………株式会社乙（営業者）

② 内　　　容………商品代金の受取書

③ 記載金額………記載された受取金額　1,080万円

　　　　　　　　　　受取金額は、1,080万円と記載してあります。

　　　　　　　　　　内書には、消費税額等を含むとはありますが、具体的な消費税額等の金額が区分記載してありませんので、受取書の記載金額は、文書にある受取金額（取引金額と消費税額等の合計額）が記載金額になります。

④ 判　　　定………株式会社の行為は、すべて営業になります。

　　　　　　　　　　商品代金は、売上代金になります。

　　　　　　　　　　記載金額を1,080万円とする第17号の1文書になります。

⑤ 印紙税額………課税物件表第17号の1文書印紙税額欄にある「記載された受取金額が1,000万円を超え2,000万円以下のもの」の間になります。

　　　　　　　　　　印紙税額は、4,000円になります。

　株式会社乙が、納税義務者として、収入印紙貼付及び消印をすることになります。

【解　説】

　第17号の1文書である「売上代金に係る金銭又は有価証券の受取書」の記載金額については、取引金額等とその消費税額等を区分記載した場合や税込価格及び税抜価格が記載されていることにより、その取引等に係る消費税額等が明らかなである場合には、その消費税額等は当該受取書の記載金額に含めないこととされています。

　具体的には、その記載内容により次のように取り扱われます。

⑴　取引金額等とその消費税額等を区分記載した場合は、取引金額等が記載金額となります（消費税率は10％として例示。以下同じ。）。

（例1）　　　　　　領収書		記載金額	1,000,000円
領収金額　1,100,000円		印紙税額	200円
但し　商品代　1,000,000円			
消費税額等100,000円			

⑵　税込金額と税抜金額がそれぞれ記載されている場合は、税抜金額が記載金額となります。

（例2）　　　　　　領収書		記載金額	1,000,000円
領収金額　1,100,000円		印紙税額	200円
（但し　税抜金額　1,000,000円）			

⑶　取引金額とその消費税額等を区分記載していない場合は、取引金額とその消費税額等の合計金額が記載金額となります。

（例3）　　　　　　領収書		記載金額	1,100,000円
領収金額　1,100,000円		印紙税額	400円
（但し　商品代及び消費税額等）			

【アドバイス】

　「領収書」等を作成交付する場合に、消費税額等の金額を区分記載すれば適用税率が変わり印紙税額の負担が軽減されます。

　「文例70」では、印紙税額2,000円となりますが、「文例71」では、4,000円であり、2,000円の負担減になります。

　この取扱いは、第17号の1文書だけでなく、第1号文書である不動産の譲渡に関する契約書や第2号文書である請負に関する契約書にも適用されます。

　ただし、消費税及び地方消費税の納税義務が免除されている事業者、免税事業者と言われますが、免税事業者はその取引にかかる消費税及び地方消費税がありませんので仮に取引金額と消費税額等を区分記載されていても取引金額と消費税額等を合計した金額が記載金額になります。

関係法令等

・「消費税法の改正等に伴う印紙税の取扱いについて」

文例72　領収書（区分記載請求書等保存方式）

令和元年10月１日

領　収　書

甲　株式会社　殿

食料品及び包装資材代金を下記のとおり領収いたしました。

記

牛　肉　※　　30,000円

トレイ　　　　20,000円

合計　　50,000円

（10%対象　20,000円）

（８％対象　30,000円）

※印は、軽減税率対象商品

名古屋市中区○○

株式会社　乙

【課否判定等】

・課税物件表の第17号の１文書（売上代金に係る金銭又は有価証券の受取書）

・記載金額　50,000円

・印紙税額　200円

✓ チェックポイント

① 作 成 者………株式会社乙（営業者）

② 内　　容………商品代金の受取書

③ 記載金額………記載された受取金額　50,000円

　　　　　　　　　受取金額は、50,000円と記載してあります。

　　　　　　　　　しかし、具体的な消費税額等の金額が区分記載
してありませんので、受取書の記載金額は、文書
にある受取金額（取引金額と消費税額等の合計
額）が記載金額になります。

④ 判　　定………株式会社の行為は、すべて営業になります。

　　　　　　　　　商品代金は、売上代金になります。

　　　　　　　　　記載金額を50,000円とする第17号の1文書にな
ります。

⑤ 印紙税額………課税物件表第17号の1文書印紙税額欄にある「記
載された受取金額が100万円以下のもの」になり
ます。

　　　　　　　　　印紙税額は、200円になります。

　株式会社乙が、納税義務者として、収入印紙貼付及び消印をするこ
とになります。

文例73　領収書（適格請求書等保存方式）

令和5年10月1日

領　収　書

甲　株式会社　殿

食料品及び包装資材代金を下記のとおり領収いたしました。

記

牛　肉　※　　　30,000円

トレイ　　　　20,000円

合計　　50,000円

（10%対象　20,000円　内 消費税額等　1,818円）

（8%対象　30,000円　内 消費税額等　2,222円）

※印は、軽減税率対象商品

名古屋市中区○○

株式会社　乙　㊞

登録番号　○○○○…

【課否判定等】

・非課税文書

✓ チェックポイント

① 作 成 者………株式会社乙（営業者）

② 内　　　容………商品代金の受取書

③ 記載金額………記載された受取金額　45,960円

　　　　　　　　　　受取金額は、50,000円と記載してあります。

　　　　　　　　　　しかし、内書で消費税額等の金額4,040円が区分記載してありますので、その消費税額等は、受取書の記載金額に含めず当該受取書の記載金額として判定します。

④ 判　　　定………株式会社の行為は、すべて営業になります。

　　　　　　　　　　商品代金は、売上代金になります。

　　　　　　　　　　第17号の1文書になりますが、受取記載金額が45,960円ですので課税物件表第17号の1文書印紙税額欄の非課税規定にある「記載された受取金額が5万円未満のもの」になりますので、非課税文書になり、収入印紙貼付は必要ありません。

【解　説】

　令和元年10月1日からの改正消費税法の施行により、仕入税額控除の方式として、

1　令和元年10月1日から令和5年9月30日までの間は、「区分記載請求書等保存方式」

2　令和5年10月1日からは「適格請求書等保存方法」

が、導入されました。

　「区分記載請求書等」及び「適格請求書等」には、法定の記載事項が記載された「領収書」等も含まれます。

1　「区分記載請求書等保存方式」の記載事項は、

　　①　発行事業者の氏名又は名称

　　②　取引年月日

　　③　取引内容

　　④　取引金額

　　⑤　交付を受ける者の氏名または名称

　　⑥　軽減税率の対象品目である旨

　　⑦　税率ごとに合計した対価の額　になります。

2　「適格請求書等保存方式」の記載事項は、上記①から⑦に加え、

　　⑧　<u>税率ごとに区分した消費税額等</u>

　　⑨　登録番号　になります。

　「区分記載請求書等保存方式」においては、消費税額等の記載は求められていませんので、消費税額等の区分記載がされていない「文例72」の場合は、文書にある受取金額が、記載金額になります。

　「適格請求書等保存方式」においては、税率ごとに区分した消費税額等の記載が必要になりますので、「文例73」のように消費税額等が明確に区分記載されることとなり、そして、その消費税額等は領収書の記載金額に

含めないことになります。

　なお、「区分記載請求書等保存方式」においても消費税額等の区分記載はできますが、その場合は、区分記載された消費税額等は領収書の記載金額に含めないことになります。

【アドバイス】

　「適格請求書等保存方式」が導入される令和5年10月1日以降に「領収書」等を作成する場合、必ず消費税額等が区分記載されることになりますので、区分記載された消費税額等は、その「領収書」等の記載金額に含めないことになります。

(関係法令等)

・「消費税法の改正等に伴う印紙税の取扱いについて」

文例74　領収書（カード決済記載あり）

年　月　日

領　収　書

乙川太郎　様

宿泊代金を下記のとおり領収いたしました。

記

金　50,000円

（〇〇クレジットカード決済）

名古屋市中区〇〇

甲グランドホテル㈱

【課否判定等】

・不課税文書

✓ チェックポイント

① 作 成 者………甲グランドホテル（営業者）

② 内　　容………宿泊代金の受取書

③ 記載金額………受取金額は、50,000万円と記載してありますが、内書でクレジットカード決済と記載がありますので金銭等の受領事実はありません。

④ 判　　定………株式会社の行為は、すべて営業になります。宿泊代金は、売上代金になりますが、クレジットカード決済の場合は、金銭等の受領事実がありませんので、標題が「領収書」となっていても課税物件表第17号の1文書にはなりませんので、不課税文書になり収入印紙貼付は必要ありません。

ひとくちメモ　こんな業種にこんな文書が【ホテル・飲食業編】

第2号文書………宿泊確認書、宴会等請書、お承り書

第7号文書………○○取引基本契約書

第17号の1文書…前金領収書、お預り証、レシート、御計算書

(注)　一般的に作成が見込まれる文書を掲載しました、実際の課否判定はその記載内容を確認する必要がありますのでご留意ください。

文例75　領収書（カード決済記載なし）

　　　　　　　　　　　　　　　　　　　　　年　　月　　日

領　収　書

乙川太郎　様

宿泊代金を下記のとおり領収いたしました。

記

金　50,000円

名古屋市中区〇〇

　　　　　　甲グランドホテル㈱

【課否判定等】

・課税物件表の第17号の１文書（売上代金に係る金銭又は有価証券の受取
　書）

・記載金額　50,000円

・印紙税額　200円

┌───┐
│ ✓ チェックポイント

① 作 成 者………甲グランドホテル（営業者）

② 内　　容………宿泊代金の受取書

③ 記載金額………記載された受取金額　50,000円

　　　　　　　　　受取金額は、50,000円と記載してあります。

　　　　　　　　　クレジットカード利用の場合であってもその旨
　　　　　　　　　が「領収書」に記載してありませんので、受取書
　　　　　　　　　の記載金額は、文書にある受取金額が記載金額に
　　　　　　　　　なります。

④ 判　　定………営業者が作成

　　　　　　　　　宿泊代金は、売上代金になります。

　　　　　　　　　クレジットカード利用の場合であってもその旨
　　　　　　　　　の記載が「領収書」に記載してありませんので、
　　　　　　　　　記載金額を50,000円とする第17号の１文書になり
　　　　　　　　　ます。

⑤ 印紙税額………課税物件表第17号の１文書印紙税額欄にある「記
　　　　　　　　　載された受取金額が100万円以下のもの」になり
　　　　　　　　　ます。

　　　　　　　　　印紙税額は、200円になります。

　甲グランドホテルが、納税義務者として、収入印紙貼付及び消印を
することになります。

【解　説】

　第17号の1文書である「売上代金に係る金銭又は有価証券の受取書」は、金銭又は有価証券の受領事実を証明する目的で作成されるものです。

　クレジットカード決済等の場合には、金銭又は有価証券の受領事実がありませんから、表題が「領収書」等となっていても第17号の1文書にはなりません。

　なお、即時決済型のデビットカードにより支払いを受けた際に発行する領収書は、金銭の受取書になりますのでご留意ください。

【アドバイス】

　「領収書」等を作成交付する場合に、その決済方法が「クレジットカード」等信用取引の旨をその「領収書」等に記載すれば、表題が「領収書」等となっていても第17号の1文書にはなりません。

関係法令等

・課税物件表第17号文書
・基通別表第1第17号文書

文例76 領収書（5万円の判定①）

年　　月　　日

領　収　書

乙川太郎　様

下記金額を領収いたしました。

記

貸付元本	48,000円
貸付利息	2,000円
合　　計	50,000円

名古屋市中区○○

甲　株式会社

【課否判定等】

・課税物件表の第17号の1文書（売上代金に係る金銭又は有価証券の受取書）

・記載金額　50,000円

・印紙税額　200円

✓ チェックポイント

① 作 成 者………甲株式会社

② 内　　容………貸付元本と貸付利息の受領事実

③ 記載金額………受取金額の合計額50,000円（非課税判定の記載金額）

　　　　　　　　　　貸付利息の受取金額　2,000円（税率適用の記載金額）

④ 判　　定………株式会社の行為は、すべて営業になります。

　　　　　　　　　　貸付元本（売上代金以外）と貸付利息（売上代金）の受け取り事実の記載がある場合はその合計金額で記載金額5万円未満の非課税文書に該当するかどうかを判定します。

　　　　　　　　　　したがって、「文例76」は、記載金額を50,000円とする、第17号の1文書になります。

⑤ 印紙税額………税率適用をする場合の記載金額は、売上代金に係る受取金額のみで判定することになりますので、記載金額2,000円となり課税物件表第17号の1文書印紙税額欄にある「記載された受取金額が100万円以下のもの」になります．

　　　　　　　　　　印紙税額は、200円になります。

　甲株式会社が納税義務者として、収入印紙貼付及び消印をすることになります。

文例77　領収書（5万円の判定②）

　　　　　　　　　　　　　　　　　　　年　　月　　日

領　収　書

乙川太郎　様

下記金額を領収いたしました。

　　　　　　　　　　　　記

貸付元本	48,000円
貸付利息	1,000円
合　　計	49,000円

名古屋市中区○○

　　　　　　　　　　　　甲　　株式会社

【課否判定等】

・非課税文書

✓ チェックポイント

① 作　成　者………甲株式会社

② 内　　　容………貸付元本と貸付利息の受領事実

③ 記載金額………受取金額の合計額49,000円（非課税判定の記載金額）

④ 判　　　定………株式会社の行為は、すべて営業になります。

　　　　　　　　　貸付元本（売上代金以外）と貸付利息（売上代金）の受け取り事実が記載ある場合はその合計金額で記載金額を判定します。

　　　　　　　　　この「領収書」は、第17号の1文書に該当しますが、記載金額は49,000円であり、課税物件表第17号文書の主な非課税文書欄にある「記載された受取金額が5万円未満のもの」になりますので、非課税文書になり収入印紙貼付は必要ありません。

【解　説】

　貸付元本（売上代金以外）と貸付利息（売上代金）の受け取りがある場合の領収書等は、第17号の1文書とみなされます。

　(1)　記載金額5万円未満の非課税文書の判定方法は、

　　　　第17号の1文書と第17号の2文書は、同一の号（第17号文書）の文書ですから、記載金額5万円未満の判定は、その合計額により判定することになります。

　(2)　税率適用の記載金額は、

　　　　第17号の1文書の税率は、階級税率になりますのでその適用する記載金額は、売上代金に係る受取金額のみで判定します。

関係法令通達

・通則4イ、ハ

・基通第34条

ワンポイント　相殺の領収書は？

　相殺の事実が領収書上に明らかであれば、課税文書になりません。

（一部相殺の場合は、受領した金額については17号文書になります。）

文例78　領収書（記載金額の特例・手形）

年　　月　　日

領　収　書

甲　株式会社　殿

下記の手形正に領収いたしました。

記

貴社発行の

手形　NO10　1通

ただし　〇〇年4月分商品代金

名古屋市中区〇〇

株式会社　乙

約束手形

年　月　日

手形　NO10

印紙

株式会社　乙　殿

金額　　3,000,000 円也

振出人　甲株式会社

【課否判定等】

・課税物件表の第17号の１文書（売上代金に係る金銭又は有価証券の受取
　書）

・記載金額　300万円

・印紙税額　　600円

✓ チェックポイント

① 作 成 者………株式会社乙

② 内　　容………商品代金の受取書

③ 記載金額………300万円

　　　　　　　　領収書に具体的な受取金額の記載は、ありませ
　　　　　　んがそれに代わる支払先発行の「手形NO」の記
　　　　　　載があることから当該手形の券面金額が記載金額
　　　　　　となります。

④ 判　　定………株式会社の行為は、すべて営業になります。

　　　　　　　商品代金は、売上代金になります。

　　　　　　　記載金額を300万円とする第17号の１文書にな
　　　　　　ります。

⑤ 印紙税額………課税物件表第17号の１文書印紙税額欄にある「記
　　　　　　載された受取金額が200万円を超え300万円以下の
　　　　　　もの」の間になります。

　　　　　　　印紙税額は、600円になります。

　　株式会社乙が納税義務者として、収入印紙貼付及び消印をすること
になります。

文例79　領収書（記載金額の特例・請求書）

年　月　日

領　収　書

甲　株式会社　殿

貴社発行の

請求書　NO135の金額正に領収いたしました。

名古屋市中区○○

株式会社　乙

NO135

年　月　日

請求書

甲　株式会社　殿

金額　　3,000,000 円也

○○年4月分商品代金

株式会社　乙

【課否判定等】

・課税物件表の第17号の１文書（売上代金に係る金銭又は有価証券の受取
　書）

・記載金額　　300万円

・印紙税額　　　600円

✓ チェックポイント

① 作 成 者………株式会社乙

② 内　　　容………商品代金の受取書

③ 記載金額………300万円

　　　　　　　　　領収書に具体的な受取金額の記載はありません

　　　　　　　　が、それに代わる支払先発行の「請求書NO」の

　　　　　　　　記載があることから当該請求書の記載金額が領収

　　　　　　　　書の記載金額となります。

④ 判　　　定………株式会社の行為は、すべて営業になります。

　　　　　　　　商品代金は、売上代金になります。

　　　　　　　　　記載金額を300万円とする第17号の１文書にな

　　　　　　　　ります。

⑤ 印紙税額………課税物件表第17号の１文書印紙税額欄にある「記

　　　　　　　　　載された受取金額が200万円を超え300万円以下の

　　　　　　　　　もの」の間になります。

　　　　　　　　　印紙税額は、600円になります。

　　株式会社乙が納税義務者として、収入印紙貼付及び消印をすること

になります。

【解　説】

(1)　第17号の１文書であって、受け取る有価証券の発行者の名称、発行の日、記号番号その他の記載があることにより、当事者間において売上代金に係る受取金額が明らかである場合には、その明らかである金額がその「領収書」等の記載金額となります。

(2)　第17号の１文書であって、受け取る金額の記載のある「支払通知書」「請求書」その他これらに類する文書の名称、発行の日、記号、番号その他の記載があることにより、当事者間において売上代金に係る受取金額が明らかである場合には、その明らかである金額がその「領収書」等の記載金額となります。

関係法令等

・通則４ホ(3)

・基通第24条(8)(9)

文例80　領収書（外国通貨）

令和元年 5 月 1 日

領　収　書

甲商事株式会社　殿

商品代金を下記のとおり領収いたしました。

記

金　50,000ドル

名古屋市中区○○

株式会社　乙

【課否判定等】

・課税物件表の第17号の 1 文書（売上代金に係る金銭又は有価証券の受取書）

・記載金額　555万円

・印紙税額　2,000円

```
✓ チェックポイント
```

① 作 成 者………株式会社乙

② 内　　　容………商品代金の受取書

③ 記載金額………555万円（本邦通貨に換算）

　　　　　　　　外国通貨により表示をされている場合には、文書作成時の基準外国為替相場又は裁定外国為替相場により本邦通貨に換算した金額が記載金額となります。

　　　　　　　　令和元年 5 月における基準外国為替相場はアメリカ合衆国通貨 1 米ドルにつき本邦通貨は111円ですので、50,000ドルに111円を乗じた555万円になります。

④ 判　　　定………株式会社の行為は、すべて営業になります。

　　　　　　　　商品代金は、売上代金になります。

　　　　　　　　記載金額を555万円とする第17号の 1 文書になります。

⑤ 印紙税額………課税物件表第17号の 1 文書印紙税額欄にある「記載された受取金額が500万円を超え1,000万円以下のもの」の間になります。

　　　　　　　　印紙税額は、2,000円になります。

　株式会社乙が納税義務者として、収入印紙貼付及び消印をすることになります。

【解　説】

　記載金額が、外国通貨により表示をされている場合には、文書作成時の基準外国為替相場又は裁定外国為替相場により本邦通貨に換算した金額が記載金額となります。

　基準外国為替相場は、米国通貨（ドル）対円の関係で、１ドルにつき何円として、内閣の承認を得て財務大臣が定め、裁定外国為替相場は、本邦通貨と米ドル以外の各国通貨との間の外国為替相場であって、米ドルとその他の外国通貨との相場及び本邦通貨と米ドルとの相場によって裁定され、財務大臣が定めることになっています。

　なお、基準外国為替相場及び裁定外国為替相場は、日本銀行のホームページで確認することができます。（www.boj.or.jp）

関係法令等

・通則４へ

・基通第24条⑽

ワンポイント　電子記録債権の受取書

　電子記録債権は、有価証券になりませんから、第17号の１文書にはなりません。

　ただし、電子記録債権を受領した旨の記載がないときは、第17号の１文書になります。

○領収書等の課否判定等フローチャート

金銭又は有価証券の受取事実を証明するものか	不課税文書 ・クレジットカード利用記載 ・全額相殺と記載

いいえ

はい

営業に関するものか ・会社（株式会社等） ・個人営業者　ほか	非課税文書 ・個人の私有財産譲渡 ・医師、指圧師等業務上作成 ・弁護士等業務上作成　ほか

いいえ

はい

記載金額はあるか	受取金額の記載のないもの 　印紙税額　200円が適用

いいえ

はい

記載金額は5万円以上か ・消費税額等の金額が具体的に記載されているものは、その消費税額等は含めません(注)	非課税文書

いいえ

はい

売上代金の受取書に該当するか ・売上代金とは、 　資産の譲渡、資産の使用 　役務の提供の対価	第17号の2文書 一律200円が適用 ・売上代金以外とは対価性のないもの 　借入金、返済金、敷金、 　損害賠償金、保険金など

いいえ

はい

第17号の1文書 階級税率が適用されます。	(注)　令和5年10月以降作成する「適格請求書等」においては消費税額等の記載が必要となります。

第19号文書関係

文例81 家賃通帳（課税時期①）

家 賃 通 帳

甲不動産管理株式会社

乙山　二郎　様

○○アパート　101号室の家賃を次のとおり受領いたしました。

付　込　期　間
平成31年4月1日
令和2年3月31日

印紙貼付日
平成31年4月1日
印　紙

受領日	金　　額	受領印
平成31年4月1日	40,000円	
令和元年5月1日	40,000円	
令和元年6月1日	40,000円	
令和元年7月1日	40,000円	
令和元年8月1日	40,000円	
令和元年9月1日	40,000円	
令和元年10月1日	40,000円	
令和元年11月1日	40,000円	
令和元年12月1日	40,000円	
令和2年1月7日	40,000円	
令和2年2月1日	40,000円	
令和2年3月1日	40,000円	

この通帳の使用期間は最初の付込みから1年とする。

【課否判定等】

・課税物件表の第19号文書（金銭の受取通帳）に該当

・印紙税額　400円

✓ **チェックポイント**

① 作　成　者………甲不動産管理株式会社

② 内　　　容………家賃通帳

　　　　　　　　　受領金額は一律　40,000円

③ 付込期間………1年（平成31年4月1日〜令和2年3月31日）

　　　　　　　　　1年間のみ使用

④ 判　　　定………不動産管理株式会社が、借家人から支払われる毎
　　　　　　　　　月の家賃の受領事実を連続して付け込み証明する
　　　　　　　　　文書ですから、第19号文書になります。

⑤ 印紙税額………課税物件表第19号文書印紙税額欄にある「1年ご
　　　　　　　　　とに400円」になります。

　　　　　　　　　「文例81」は、1年間のみの使用期間ですので、
　　　　　　　　　印紙税額は400円になります。

　甲不動産管理株式会社が納税義務者として、収入印紙貼付及び消印
をすることになります。

文例82 家賃通帳（課税時期②）

家 賃 通 帳

甲不動産管理株式会社

乙山　二郎　様

○○アパート　101号室の家賃を次のとおり受領いたしました。

付込期間	付込期間
平成31年 4 月 1 日	令和 2 年 4 月 1 日
令和 2 年 3 月31日	令和 3 年　 月　 日

印紙貼付日	印紙貼付日
平成31年 4 月 1 日	令和 2 年 4 月 1 日
印 紙	印 紙

受領日	金　額	受領印
平成31年 4 月 1 日	40,000円	甲印
令和元年 5 月 1 日	40,000円	甲印
令和元年 6 月 1 日	40,000円	甲印
令和元年 7 月 1 日	40,000円	甲印
令和元年 8 月 1 日	40,000円	甲印
令和元年 9 月 1 日	40,000円	甲印
令和元年10月 1 日	40,000円	甲印
令和元年11月 1 日	40,000円	甲印
令和元年12月 1 日	40,000円	甲印
令和 2 年 1 月 7 日	40,000円	甲印
令和 2 年 2 月 1 日	40,000円	甲印
令和 2 年 3 月 1 日	40,000円	甲印
令和 2 年 4 月 1 日	40,000円	甲印
以 下　略		

【課否判定等】

・課税物件表の第19号文書（金銭の受取通帳）に該当

・印紙税額　平成31年4月1日〜令和2年3月31日まで　400円

　　　　　　令和2年4月1日から1年間　400円

┌─────────────────────────────┐

✓ **チェックポイント**

① 作 成 者………甲不動産管理株式会社

② 内　　　容………家賃通帳

　　　　　　　　　受領金額は一律　40,000円

③ 付込期間………2年（平成31年4月1日〜令和2年3月31日）

　　　　　　　　　（令和2年4月1日〜　　　　　　　　　　）

④ 判　　　定………不動産管理株式会社が、借家人から支払われる毎
　　　　　　　　　月の家賃の受領事実を連続して付け込み証明する
　　　　　　　　　文書ですから、第19号文書に該当します。

⑤ 印紙税額………課税物件表第19号文書印紙税額欄にある「1年ご
　　　　　　　　　とに400円」になります。

　　　　　　　　　「文例82」は、2年の使用がみとめられますの
　　　　　　　　　で、最初の付込み日である平成31年4月1日に
　　　　　　　　　400円の印紙貼付し、2年目の付込み日である令
　　　　　　　　　和2年4月1日に再度400円の印紙貼付が必要に
　　　　　　　　　なります。

　甲不動産管理株式会社が納税義務者として、収入印紙貼付及び消印
をすることになります。

└─────────────────────────────┘

【解　　説】

　第19号文書（請負通帳、金銭の受取通帳等）に該当する通帳は、第1号文書（不動産の譲渡等に関する契約書等）、第2号文書（請負に関する契約書）、第14号文書（金銭等の寄託に関する契約書）、第17号文書（金銭等の受取書）により証されるべき事項を付け込んで証明する目的をもって作成する通帳をいい、第18号文書（預貯金通帳等）に該当しないものをいいます。

　第19号文書に該当する通帳には、非課税規定がありません。

　したがって、金銭又は有価証券の受領事実を付け込んで証明する目的で作成する受取通帳は、その受領事実の付込み金額が5万円未満又は営業に関しないものの受領事実を付け込んだものであっても、非課税規定の適用はありませんので、1年以内の付込みに対して400円の印紙税が課税されます。

　第19号文書は、1年ごとに400円です。

　最初の付込時に400円印紙貼付し、その後は付込みから1年を経過し初めて付け込む時に400円印紙貼付することになります。（1通を複数年使用する場合は、その繰返し）

　例示　最初の付込　令和元年5月1日………400円印紙貼付

　　　　1年を経過　令和2年5月1日

　　　　経過後付込　令和2年5月15日………400円印紙貼付

【アドバイス】

　第19号文書は、非課税規定がありませんので、1回の受領金額（付込み金額）が、5万円未満又は営業に関しないものの場合は、単票の第17号文書を作成します。

　1回の受領金額（付込み金額）が、5万円以上の場合は19号文書を作成

することにより印紙税額の負担が軽減される場合もあります。

【関係法令等】
・課税物件表第19号文書
・基通別表第1第19号文書1、2

ワンポイント　証書と通帳って？

　課税物件表の第1号から第17号までに掲げる文書を「証書」、課税物件表の第18号から第20号までに掲げる文書を「通帳等」といいます。

　証書に該当するのか、又は通帳等に該当するのかについての区分は、

①　証書は、課税事項を1回限り記載証明する目的で作成されるものです。

②　通帳等は、課税事項を継続的又は連続的に記載証明する目的で作成されるものです。

　したがって、証書として作成されたものであれば、作成後、更に課税事項が追加して記載証明されても、それは新たな課税文書の作成とみなされることはあっても、その証書自体は通帳にはなりません。

　また、通帳等として作成されたものであれば、2回目以後の記載証明がなく、結果的に1回限りの記載証明に終わることになっても、その通帳等は証書になりません。

第20号文書関係

文例83 判取帳（課税時期）

判 取 帳

甲　株式会社

付込 期間	平成31年4月25日	令和2年4月25日	令和　年　月　日
	令和2年4月24日	令和　年　月　日	令和　年　月　日
印紙 貼付	印紙	印紙	

年月日	住所（所在地）	氏名（名称）	受領金額	印
H31.4.25	名古屋市中区…	A　株式会社	700,000円	印
H31.4.30	名古屋市中村区…	B　株式会社	400,000円	印
	中略			
R2.3.25	名古屋市中区…	A　株式会社	1,000,000円	印
R2.3.31	名古屋市中村区…	B　株式会社	500,000円	印
R2.4.25	名古屋市中区…	A　株式会社	500,000円	印
R2.4.30	名古屋市中村区…	B　株式会社	300,000円	印

【課否判定等】

・課税物件表の第20号文書（判取帳）に該当

・印紙税額　1年ごと4,000円

✓ チェックポイント

① 作 成 者………甲株式会社

② 内　　容………2以上の取引先から支払った商品代金の受領事実
　　　　　　　　　を付込み記載

③ 付込期間………1年（平成31年4月25日～令和2年4月24日）
　　　　　　　　　2年目（令和2年4月25日～　　　　　　　　）

④ 判　　定………2以上の取引先から支払った商品代金の受領事実
　　　　　　　　　の付込証明を受ける目的で作成する文書ですから、
　　　　　　　　　第20号文書（判取帳）になります。

⑤ 印紙税額………課税物件表第20号文書印紙税額欄にある「1年ご
　　　　　　　　　とに4,000円」になります。
　　　　　　　　　　「文例83」は、2年間の使用期間ですので、印
　　　　　　　　　紙税額は1年ごとに4,000円になります。

　甲株式会社が、納税義務者として、収入印紙貼付及び消印をすることになります

文例84　判取帳（みなし作成）

判　取　帳

甲　株式会社

付込期間	平成31年4月25日	令和2年4月25日	令和　年　月　日
	令和2年4月24日	令和　年　月　日	令和　年　月　日
印紙貼付	印紙	印紙	

年月日	住所（所在地）	氏名（名称）	受領金額	印
H31.4.25	名古屋市中区…	A　株式会社	700,000円	印
H31.4.30	名古屋市中村区…	B　株式会社	400,000円	印
		中略		
R2.3.25	名古屋市中区…	A　株式会社	1,500,000円	印
R2.3.31	名古屋市中村区…	B　株式会社	500,000円	印
R2.4.25	名古屋市中区…	A　株式会社	500,000円	印
R2.4.30	名古屋市中村区…	B　株式会社	300,000円	印

【課否判定等】

・課税物件表の第20号文書（判取帳）に該当

　（甲株式会社を作成者とする）

・印紙税額　1年ごと4,000円

・課税物件表の第17号の1文書（売上代金に係る金銭又は有価証券の受取

書）に該当

（A株式会社を作成者とする）

・記載金額　1,500,000円

・印紙税額　400円

✓ チェックポイント

① 作　成　者………甲株式会社及びA株式会社

② 内　　　容………2以上の取引先から支払った商品代金の受領事実
を付込み記載

　　　　　　　　　　100万円を超える受領金額の付込証明あり。

③ 付込期間………1年（平成31年4月25日〜令和2年4月24日）

　　　　　　　　　　2年目（令和2年4月25日〜　　　　　　　　）

④ 記載金額………1,500,000円（令和2年3月25日　A株式会社付
込）

⑤ 判　　　定………イ　2以上の取引先から支払った商品代金の受領
事実の付込証明を受ける目的で作成する文書で
すから、第20号文書になります。

　　　　　　　　　　ロ　第20号文書に100万を超える付け込みがある
場合には、その付け込んだ受領事実が、新たな
第17号の1文書の作成とみなされます。

　　　　　　　　　　「文例84」は、令和2年3月25日にA株式会社
が150万円の付け込み受領事実がありますので、
その付け込み受領事実が、新たな受取記載金額
150万円とする第17号の1文書の作成とみなされ
ます。

⑥ 印紙税額………イ　課税物件表第20号文書印紙税額欄にある「1

　　　　　　　　　　　　年ごとに4,000円」になります。

　　　　　　　　　　　「文例84」は、２年間の使用期間ですので、

　　　　　　　　　　　印紙税額は１年ごとに4,000円になります。

　この判取帳に係る作成者は、甲株式会社になりますので、甲株式会

社が、１年ごと4,000円の収入印紙を貼付し、消印をすることになり

ます。

　　　　　　　　　　　ロ　課税物件表第17号文書の１印紙税額欄にある

　　　　　　　　　　　「記載された受取金額が100万円を超え200万円

　　　　　　　　　　　以下のもの」の間になります。

　　　　　　　　　　　印紙税額は、400円になります。

　この場合の作成者は、判取帳の作成者である甲株式会社ではなく、

付込み証明したＡ株式会社になりますのでＡ株式会社が、納税義務

者として、収入印紙貼付し消印することになります。

【解　　説】

　第20号文書（判取帳）に該当する判取帳とは、第１号文書（不動産の譲

渡等に関する契約書等）、第２号文書（請負に関する契約書）、第14号文書

（金銭等の寄託に関する契約書）、第17号文書（金銭等の受取書）により証

されるべき事項を２以上の相手方から付け込んで証明する目的をもって作

成する帳簿をいい、１年以内の付込みに対して4,000円の印紙税が課税さ

れます。

　１冊の判取帳を１年以上継続して使用する場合には、その判取帳を作成

した日（最初の付込みの日）から１年を経過した日以後、最初の付込みし

たときに新たな判取帳を作成したことになり、改めて4,000円の印紙貼付

が必要になります。

また、第19号文書と同じく非課税規定はありません。

判取帳に次の事項が付込みされた場合には、その付込みされた部分については、判取帳への付込みではなく、新たな課税文書が作成されたものとみなされます。

⑴　第1号文書により証されるべき事項で、その付込み金額が10万円（軽減措置適用の場合は50万円）を超えたときは、第1号文書が新たに作成されたものとみなされます。

⑵　第2号文書により証されるべき事項で、その付込み金額が100万円（軽減措置適用の場合は200万円）を超えたときは、第2号文書が新たに作成されたものとみなされます。

⑶　第17号の1文書により証されるべき事項で、その付込み金額が100万円を超えたときは、第17号の1文書が新たに作成されたものとみなされます。

なお、上記⑴～⑶のように新たな文書作成を「みなし作成」といいますが、その場合の作成者（納税義務者）は、判取帳の作成者ではなく付込み証明を行う者となります。

この「みなし作成」は、第19号文書においても適用されます。

【アドバイス】

第19号文書（請負通帳、金銭等の受取通帳）の通帳と第20号文書（判取帳）との違いは、「通帳」は、1対1の当事者間で行われる取引を付込み証明をするものであり、「判取帳」は、1対2以上の当事者間で行われる取引を付込み証明するものです。

（関係法令等）

・法第 4 条第 4 項

・課税物件表第20号文書

・基通別表第 1 第20号文書 1 、 2

第 2 章

印紙税過誤納還付制度
及び交換制度

　この章では、印紙税の過誤納還付制度及び交換制度について、その印紙税法上の
取扱いについて説明等しています。

文例1 土地売買契約書（過納）

土地売買契約書

売主 　　（甲）
買主 　　（乙）

印紙
10万円

　上記当事者間において、土地売買について次のとおり契約する。

第1条 　　売主（甲）は、その所有する下記表示の土地を1平方メートル当たり100万円で買主（乙）に売渡し、買主（乙）はこれを買受ける。

　　　　　土地所在地 　　　　　県　　市　　町　　丁目　　番地
　　　　　（雑種地） 　　　　　150平方メートル

第2条 　　この契約に係る手付金は、1,000万円とし、買主（乙）は本契約締結時に売主（甲）に支払う。
　　　　　この手付金は、残額支払のときに売買代金の一部に充当する。

第3条 　　売主（甲）は買主（乙）に対し、○年○月○日までに本件土地の所有権の移転登記申請の手続きを完了しなければならない。

第4条 　　買主（乙）は前条の手続きを完了すると引換えに売主（甲）に残額代金を支払うものとする。

　　　　　　　　　　　　（中略）

　以上の契約を証するため本契約書を2通作成し、各自署名捺印の上、各1通を保管する。

平成31年4月1日

　　　　　　　　　　　　（甲）
　　　　　　　　　　　　（乙）

【過誤納還付理由等（過納）】

┌─ ✓ **チェックポイント** ─────────────────┐

　「不動産の譲渡に関する契約書」の印紙税額は、措法91条の規定により、平成9年4月1日から令和2年（2020年）3月31日までの間は法に定める印紙税額（本則税率）にかかわらず、軽減措置が適用されています。

〔「文例1（過納）」の場合〕

　第1条に規定する売買代金は1億5,000万円（1平方メートル当たり100万円×150平方メートル）が印紙税額を判定する記載された契約金額となることから貼付すべき印紙税額は、課税物件表第1号文書の印紙税額欄にある「記載された契約金額が1億円を超え5億円以下」の間になりますので、印紙税額は軽減措置の6万円になります。

　ところが、作成者は本則税率を適用し10万円の印紙貼付していることから4万円（10万円−6万円）過納付していますので、過納付となっている4万円について過誤納還付申請をすることにより印紙税額の還付を受けることになります。

└────────────────────────────────┘

文例2 建物賃貸借契約書（誤納）

建物賃貸借契約書

賃貸人 （甲）
貸借人 （乙）

上記当事者間において、建物の賃貸借をするため次のとおり契約する。

第1条 賃貸人（甲）は、その所有する下記表示の建物を賃借人（乙）に賃貸し、事務所として使用することを約し、賃借人（乙）は、これを賃借し所定の賃料を支払うことを約した。

建物所在地 　　県　市　　町　丁目　番地
（○ビル202号室） 　　50平方メートル

第2条 賃料は、毎月100万円とし、賃借人（乙）は当月分をその末日までに、賃貸人（甲）へ持参し支払うものとする。

第3条 賃借人（乙）は、賃貸人（甲）に対し保証金として金500万円を　　年　月　　日までに預け入れなければならない。
なお、この保証金は契約満了時に返還する。

第4条 賃貸借の契約期間は、この契約締結日から　　年　月　日までとする。

（中略）

以上の契約を証するため本契約書を2通作成し、各当事者が各自署名押印し各1通を保管する。

平成31年4月1日

（甲）
（乙）

【過誤納還付理由等（誤納）】

> ✓ **チェックポイント**
>
> 　「建物賃貸借契約書」は、課税文書に原則該当しません。
>
> 　ところが、作成者は課税文書として判定し、保証金500万円を記載された契約金額として第1号文書の本則税率を適用し誤って2,000円の印紙を貼付しました。不課税文書、印紙貼付の必要のない文書に誤って2,000円の印紙貼付していることから2,000円の印紙税額を誤納付していますので、誤納付となっている2,000円について過誤納還付申請をすることにより印紙税額の還付を受けることになります。

【印紙税過誤納還付制度解説】

1　過誤納とは

　印紙を貼付する方法により印紙税を納付する場合は、<u>課税文書の作成の時</u>までにその課税文書に印紙を貼付し消印をしなければなりませんが、何らかの事情により契約が成立しなかったり、請書や領収書等を相手方に未交付の場合には、印紙税の納税義務がないのに、印紙税として納付されたことになります。

　印紙税として納付されたものが、本来納付する必要のないものであったり、本来納付すべき税額より過大であったものについて「過誤納金」として返還されるものになります。

✓ チェックポイント

課税文書の作成の時とは（基通44条）

　法では、課税文書を作成した時に印紙税を納める義務があると定められています。

　法に定める課税文書の「作成」とは、その課税文書の単なる「調製行為」をいうのではなく、課税文書となるべき用紙等に課税事項を記載し、これをその文書の目的に従って「行使」することをいっています。

　課税文書の種類ごとに作成の時はおおむね次のようになります。

①　交付の時が作成の時となる課税文書

　　手形、株券等、預貯金証書、貨物引換証等、保険証券、信用状、配当金領収証並びに受取書及び契約書のうち念書、請書のように契約書当事者の一方が作成するもの

②　証明の時が作成の時となる文書

契約書のうち契約当事者の双方が共同して作成するもの

③　最初の付け込みの時が作成の時となる文書

通帳等、判取帳

④　認証の時が作成の時となる文書

定款

2　過誤納となる文書

(1)　対象となる文書

①　課税文書に該当しない文書に印紙税を納付する目的で印紙を貼り付けたもの

②　印紙を貼り付けた課税文書が納税義務成立前に損傷、汚染、書損、その他の理由により使用する見込みがなくなった場合

③　課税文書に印紙を貼り過ぎた場合

(2)　納付方法

①　収入印紙の貼り付け（法第8条第2項による消印を含みます）

②　税印の押なつ（法第9条）

③　納付計器による納付印の押なつ（法第10条）

【過誤納還付制度の Q & A】

Q1　過誤納還付の請求は、いつからできますか。

A1　その文書が実際に損傷、書損その他の理由により課税文書として使用する見込みのなくなった日の翌日からになります。

Q2 過誤納還付の請求は、いつまでできますか。

A2 印紙を貼り付けた日から5年以内です。

印紙を貼り付けた日から5年を過ぎると請求はできません。

Q3 過誤納還付の請求に、何が必要ですか。

A3 「印紙税過誤納確認申請書」に必要事項を記載し、誤って印紙を貼り付けた文書の現物を提示していただくことが必要です。

印紙をはがしたり、印紙だけ切り取ったりすると請求できません。

Q4 過誤納還付の請求は、どこへするのですか。

A4 過誤納還付の対象となった文書の納税地を所轄する税務署長あてに過誤納還付の請求をします。

一般的には、対象となった文書に記載された作成場所を所轄する税務署長になります。

Q5 共同作成(複数の当事者)した文書が過誤納となった場合は、誰が還付請求できますか。

A5 共同作成の場合は、印紙税について連帯納税義務ですので、共同作成者のどなたでも還付請求はできます。

Q6 工事契約請負契約書の契約当事者双方(発注者・受注者)が署

名押印し、印紙貼付もしたが工場着工前に工事が中止となり契約書が不要となりました。このような場合還付請求できますか。

A6 過誤納還付の対象となる文書は、課税文書に該当しない文書に誤って印紙を貼り付けたり、印紙を貼り付けた文書が納税義務の成立前に損傷、汚染、書損、その他の理由により使用する見込みがなくなったり印紙を所定の税額より過大に貼った場合に限定されています。

したがって、いったん契約書が作成され納税義務が成立し印紙貼付をした契約書については後日その契約が解消、工事が行われなくなっても契約そのものが無効であったことにはならないので、印紙税を還付することはできません。

【過誤納還付申請手続き】

1　手続き方法

(1)　**過誤納確認申請書の提出**

印紙税過誤納還付を受けようとする方は、その過誤納の事実に基づき所轄税務署長の確認を受けるため「印紙税過誤納確認申請書」に所要事項を記載し所轄税務署長に提出します。

(2)　**過誤納となった物件等の提示**

(1)の申請書を提出する場合には、印紙税の過誤納となった事実を証明するため必要な文書（過誤納還付の対象となる文書）その他の物件を提示する必要があります。

(3)　**アドバイス**

過誤納還付対象になるかどうかが、不明な場合は、その対象となる文

書の現物を税務署に持参して、相談、お問い合わせされることをお勧めします。

2　過誤納確認申請書の記載例は、240〜241ページのとおりです。

【収入印紙の交換制度】

> **Q**　未使用の収入印紙は、過誤納の対象となりますか。
>
> **A**　過誤納還付の対象となる文書は、課税文書に該当しない文書に誤って印紙を貼り付けたり、印紙を貼り付けた文書が納税義務の成立前に損傷、汚染、書損、その他の理由により使用する見込みがなくなったり印紙を所定の税額より過大に貼った場合に限定されています。
>
> 　したがって、未使用の収入印紙ついて、過誤納の還付請求はできません。
>
> 　ただし、金額の異なる印紙を誤って購入してしまった場合等郵便局において他の印紙に交換する制度がありますので、その適用を受けることができる場合もあります。

郵便局における収入印紙の交換制度

　郵便局において、次に記載する要件に該当しない収入印紙については、所定の交換手数料（交換対象収入印紙1枚当たり5円）を支払うことで新しい収入印紙と交換できます。

⑴　**交換できない収入印紙**

　①　汚損し又はき損されている収入印紙

　②　租税又は国の歳入金の納付に用いられた疑いがある収入印紙

　③　文書に貼り付けられていた収入印紙で、当該文書から切り離された
　　　もの

　上記要件②については、収入印紙が貼り付けられている文書を最寄りの
税務署に提示して、その収入印紙が印紙税の納付のために用いられたもの
かどうか確認を受ける必要があります。

　これを「印紙税法第14条不適用確認」と言います。

　税務署に相談、お問い合わせをお勧めします。

⑵　**収入印紙交換の交換例**

　①　1万円の収入印紙を200円の収入印紙と交換請求した場合、5円の
　　　交換手数料を支払い200円の収入印紙50枚と交換できます。

　②　200円の収入印紙5枚を1,000円の収入印紙と交換する場合には、25
　　　円（5円×5枚）の交換手数料を支払い1,000円の収入印紙と交換で
　　　きます。

⑶　**収入印紙を現金に交換することはできません。**

　購入した未使用の収入印紙を郵便局に持参しても買戻しはしていません。

　同様に未使用の収入印紙を税務署に持参しても還付の対象とはなりませ
ん。

（関係法令等）

・法第14条

・令第14条

・基通第115条〜第119条

（参考）「印紙税過誤納確認申請（充当請求）書」記載例

印紙税過誤納 確認申請 書
充当請求

GL2016

① 印紙税過誤納 確認申請 書 / 充当請求

整理番号 ：：：：：：：：

取受印

② 平成31年4月10日
京橋税務署長 殿

申請者・請求者
住所 （〒○○○ - ○○○○）
③ 中央区築地○-○-○
電話 ④（03）○○○○局番

（フリガナ）コクゼイケンセツ　　　　コクゼイ　タロウ
氏名又は名称及び代表者氏名
⑤ 国税建設株式会社　代表取締役　国税　太郎㊞
（代表者印）

個人番号又は法人番号
⑥ ○○○○○○○○○○○○○

（フリガナ）
上記代理人 ⑦

⑧ ☑ 下記のとおり印紙税法施行令第14条第1項の規定により過誤納の確認を申請します。
□ 下記のとおり印紙税法施行令第14条第4項の規定により過誤納の確認と充当を請求します。

⑨区分	⑩文書の種類（物件名）⑫号 ⑬納付年月日	⑪文書の名称又は呼称 ⑭数量	⑮納付税額（区分が「2」の場合のみ記載してください。）⑯過誤納税額	⑰過誤納となった理由（その他は裏面参照）
①	1 消費貸借に関する契約書	金銭消費貸借契約書	円	☑書損等 □納付額超過 □その他
	1 3 31年 3月10日 1		1 0 0 0 0 円	
②	1 請負に関する契約書	工事請負契約書	円	☑書損等 □納付額超過 □その他
	2 31年 4月8日 5		2 5 0 0 0 円	
③			円 円	□書損等 □納付額超過 □その他
④			円 円	□書損等 □納付額超過 □その他
合計（数量及び過誤納税額）		6	3 5 0 0 0 円	左記充当請求金額は、平成　年　月　日付の印紙税印押なつ請求書（印紙税納付計器使用請求書）に記載した印紙税相当額に充当してください。
⑱ 充 当 請 求 金 額			円	
⑲ 還 付 金 額			3 5 0 0 0 円	

証憑書類 ⑳ 金銭消費貸借契約書 工事請負契約書
参考事項 ㉑

㉒ 還付を受けようとする金融機関

銀行・金庫・組合農協・漁協出張所・支店本店・支所
○×
△△△
普通
口座番号 ○○○○○○○
2. ゆうちょ銀行の貯金口座に振込みを希望する場合
貯金記号番号 ー
3. 郵便局等の窓口での受取りを希望する場合

※ 上記の過誤納の事実のとおり平成　年　月　日確認し（充当請求金額については同日請求のとおり充当）ました。
なお、還付金額は、他に未納の国税等がない場合に右記お申し出の方法により還付することになりますので、後日、改めてお知らせします。

第 ：：：：号
平成 ：：年 ：月 ：日

CC2-3721

【過誤納となった理由等】（⑰関係）

過誤納となった理由		内 容 等
書 損 等		収入印紙を貼付したり納付印を押した課税文書の印紙が、用紙の書損、損傷、汚染などにより使用する見込みがなくなった場合
納 付 額 超 過		収入印紙を貼付したり納付印を押すことにより納付した印紙税の額が、印紙税法に規定する正しい税額を超える場合
その他	課否判定誤り	印紙税の納付の必要がない文書に誤って収入印紙を貼付したり納付印を押した場合
	二 重 納 付	印紙税法第9条から第12条に規定する納付等の特例を受けた課税文書について、その特例方法以外の方法により相当金額の印紙税を納付した場合
	税印の取りやめ等	税印による納付の特例を受けるため、印紙税を納付したが、税印の押なつの請求をしなかった又は請求を行ったが棄却された場合
	被交付文書への押なつ	印紙税納付計器の設置者が被交付文書に対する納付印押なつの承認を受けていないにもかかわらず、交付を受けた課税文書に納付印を押した場合
	納付計器の廃止等	印紙税納付計器による納付の特例を受けるため印紙税を納付したが、印紙税納付計器設置の廃止等により当該納付計器を使用しなくなった場合

【留意事項】

① **表題**

過誤納となった税額を、税印の押なつ請求に係る納付税額又は印紙税納付計器の使用による納付税額に充当しない場合は、「充当請求」に二重線を引いて削除します。

② **提出先**

以下の住所等を所轄する税務署を記載します。

収入印紙を貼付した文書で、文書上作成場所が明らかなもの	当該作成場所
収入印紙を貼付した文書で、文書上作成場所が明らかでないもの	1　単独作成の場合 　イ　作成者の事務所等の所在地が記載されている場合→当該所在地 　ロ　その他→文書作成時の作成者の住所 2　共同作成の場合 　イ　作成者の所持している文書→所持している場所 　ロ　作成者以外の者が所持している文書→共同作成者のうち先に記載されている者の上記1のイ又はロに掲げる場所
印紙税納付計器により納付印を押した文書	印紙税納付計器の設置場所
税印押なつ請求に係る文書	税印押なつ請求した税務署

③ **住所**

個人の場合、住所を記載します。

法人の場合、本店又は主たる事務所の所在地を記載します。

④ **電話**

日中に連絡のとれる電話番号を記載します。

⑤ **氏名又は名称及び代表者氏名**

法人の場合、名称並びに代表者の役職名及び氏名を記載のうえ、代表者印を押印します。

なお、3枚とも署名押印してください。

⑥ **個人番号又は法人番号**

申請者・請求者の「個人番号」又は「法人番号」を記載します。

⑦ **同上代理人**

代理人が申請書を提出する場合に記載します。

※　「印紙税申告・申請事務代理人届出書」を提出しておく必要があります。

⑧ **申請理由**

過誤納税額の還付請求をする場合は上段に、過誤納となった税額を税印の押なつ請求に係る納付税額又は印紙税納付計器の使用による納付税額に充当する場合は下段にチェックをします。

⑨ **区分**

過誤納確認を受けようとする文書が収入印紙を貼り付けた文書、税印を押した文書又は印紙税納付計器により納付印を押した文書である場合には「1」を、それ以外の場合には「2」と記載します。

⑩ **文書の種類（物件名）**（P35・36参照）

過誤納確認を受けようとする文書の印紙税法別表第一に掲げる物件名（文書の種類）を記載します。

⑪ **文書の名称又は呼称**

過誤納確認を受けようとする文書の名称（表題等）を記載します。

⑫ **号別**（P35・36参照）

過誤納確認を受けようとする文書の印紙税法別表第一に掲げる番号を記載します。

なお、不課税文書である場合は、記載不要です。

⑬ **納付年月日**

印紙の貼り付け、税印若しくは納付印を押した年（平成31年の場合は31年、令和元年の場合は1年と記載します。）月日を記載します。

⑭ **数量**

過誤納確認を受けようとする文書の数量を記載します。

⑮ **納付税額**

左記⑨「区分」欄に「2」と記載した場合にのみ、その税印押なつ又は印紙税納付計器使用請求するために納付した印紙税額を記載します。

⑯ **過誤納税額**

過誤納となった税額を記載します。

⑰ **過誤納となった理由**

該当する理由にチェックをします。選択する理由の内容等については P17 下段参照。

⑱ **充当請求金額**

過誤納税額のうち、充当請求する金額を記載します。

⑲ **還付金額**

過誤納税額のうち、還付請求する金額を記載します。

⑳ **証拠書類**

過誤納確認を受けようとする文書の名称を記載します。

㉑ **参考事項**

その他参考となる事項があれば記載します。

㉒ **還付を受けようとする金融機関**

還付金額の還付を受けようとする金融機関名等を記載します。

（出典：国税庁ホームページ）

○印紙税の過誤納還付フローチャート

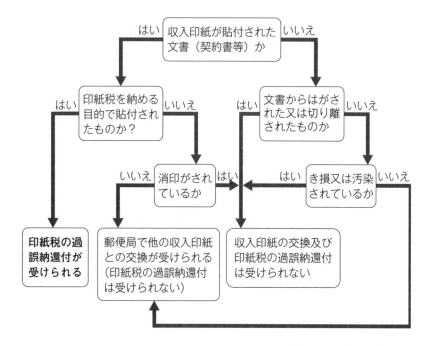

第 3 章

印紙税調査のポイント

この章では、印紙税の調査における留意事項について説明等しています。
また、過怠税についても説明等しています。

【調査のポイント】

　この章では、印紙税の調査についてのポイントをお話ししたいと思います。

　印紙税の調査は、事業者の方が対象となります。

　個人事業者の方であれば、所得税等の調査と同時に、法人であれば、法人税等の調査と同時に行われます。

　大規模な法人については、印紙税のみの調査が行われます。

　では、調査を受ける際には、どのようなことに注意すればいいのでしょうか。

　印紙税調査のポイントは、次の4つにあると思います。

①　課否判定等

②　受払調査

③　個別契約書

④　印紙貼付に変えて「書式表示」を適用されている場合の申告内容確認

　それでは、それぞれのポイントについて、説明したいと思います。

①　課否判定等

　これは、調査対象者において、その様式等を定め「定型化」され「多量」に作成交付する文書について、その様式、使用方法等から印紙税法上の課税文書になるかどうかを確認することです。

　また、課税文書としている場合にその印紙税額は適正かどうかを確認します。

　その確認方法の手段としては、次のようなものが考えられます。

　　イ　事業概況等を聴取し、その業種業態から作成が想定される文書を

把握します。

ロ　各種社内規定、事務処理マニュアル等の作成があれば、その提示
等を依頼し、作成交付が想定される文書を把握します。

ハ　様式等を定めた「定型化」された文書の「見本」及び「使用され
たもの」の提示提出依頼をするとともに、実際の作成担当者から作
成状況を聴取して、その文書が印紙税法上の課税文書に該当するか
どうかの確認をします。

ハ　相手方に交付するもので、複写形式のものは保管している「控」
等から、コピー等の保管があればそのコピー等で作成状況を把握し
ます。

ニ　課税文書としている場合、いくらの印紙税額を適用しているか、
その課税文書を作成担当者に確認し、その適否を検討します。

ホ　代表者印押捺簿等の作成があれば、その提示等を依頼し作成交付
等している文書の確認をします。

【アドバイス等】

　様式等を定め作成交付している文書を自ら確認し、印紙税法上の疑
義があるものは、関与税理士さんとか税務署に「様式等」見本を持参
して、相談することも必要だと思います。

　また、様式等では、課税文書にならないものでもその記載方法によ
っては課税文書になる場合もありますので、作成担当者にその旨を徹
底することも必要だと思います。

　例えば、工事の注文書は原則不課税ですが、相手方からの見積書に
基づく記載をすることにより契約書となり、第2号文書（請負に関す
る契約書）になることもあります。

②　受払調査

　これは、調査対象者において、一般的に課税文書として印紙貼付をしている文書の印紙貼付状況を確認することです。

　その確認方法の手段としては、次のようなものが考えられます。

　イ　印紙の購入状況を確認し、印紙受払簿等の作成があればその内容を確認します。

　ロ　経常的に印紙貼付をしている文書を把握し、その作成枚数と印紙受払簿との対査検討をします。

　　　印紙受払簿等がない場合は、印紙購入状況と大数観察により印紙貼付の適否を検討します。

　ハ　経常的に印紙貼付する文書としては、「工事請書」、「手形」、「領収書」等があります。

【アドバイス等】

1　経常的に印紙を貼付している文書を自ら把握し、作成担当者に課税文書である旨及びその印紙税額について周知徹底することが必要だと思います。

2　印紙は、現金と同じですので、その管理を徹底し、印紙を在庫する場合には、印紙受払簿の作成をされることが必要だと思います。

　　毎日が、理想ですが、週、月単位でされてもよいかと思います。

3　在庫を持たず、必要に応じて購入する場合には、その使用事績をわかるように記録することや、相手に交付する文書はコピー等控えを保管することが必要だと思います。

③　個別契約書

　これは、取引先相手方等と文字通り個別に結んだ契約書の課否判定、印紙貼付額の適否を確認することです。

　その確認方法の手段としては、次のようなものが考えられます。

　○　取引先相手方から交付を受けた契約書の原本の提示等を依頼しその原本現物により、確認します。

【アドバイス等】

　印紙貼付の有無、貼付税額について、取引先等相手方任せでなく、自らその適否を検討することが必要だと思います。

---

④　書式表示

　これは、調査対象者において、作成する課税文書について所轄税務署長の承認を得て印紙貼付に代えて、その作成通数について1か月分をその作成月の翌月末までに申告と納税をする場合にその申告内容の適否を確認することです。

　その確認方法の手段としては、次のようなものが考えられます。

　イ　書式表示をしている文書を確認します。

　ロ　作成から申告までの手順、作成帳票等の資料を確認します。

　ハ　申告書を作成するする基礎となった資料の提示等を依頼しその内容を確認します。

【アドバイス等】

　○　申告書作成までの手順等を的確に実施し、申告書作成については、

担当者任せでなく、チェック体制を作り的確に行うことが必要だと思います。

【過怠税】

課税文書に必要な印紙貼付がなされていなかった場合における「過怠税」について説明をします。

印紙貼付による課税文書の作成者が、貼付すべき印紙を課税文書の作成の時までに貼付しなかった場合には、貼付しなかった印紙税の額とその2倍に相当する金額との合計額（貼付しなかった印紙税額の3倍）に相当する過怠税が徴収されます。

これを、 3倍過怠税と言います。

また、貼付した印紙を所定の方法で消印しなかった場合には、消印しなかった印紙税額に相当する金額の過怠税が徴収されます。

これを、不消印過怠税と言います。

ただし、課税文書の作成者が所轄税務署長に対し、作成した課税文書について印紙貼付をしていない旨の申出をした場合で、その申出が印紙税の調査によりその課税文書について印紙税法第20条第1項に規定する過怠税の決定があるべきことを予知してされたものでないときは、その過怠税は、その印紙貼付しなかった印紙税の額とその10％に相当する金額の合計額（貼付しなかった印紙税額の1.1倍）に軽減されます。

これを、1.1倍過怠税と言います。

なお、過怠税は、その全額が法人税の損金や所得税の必要経費には算入されません。

また、書式表示による申告納税方式の場合は、申告もれがあった場合に

は修正申告により対応します。

　申告過大の場合は、更正の請求等により是正することになります。

(関係法令等)

・法第20条

・令第19条

巻末資料

　この「巻末資料」では、本書において採り上げている文例や解説に関連する主要な法律・通達等を抜粋して掲載しています。

・印紙税法（抄）
・印紙税法施行令（抄）
・租税特別措置法（抄）
・収入印紙及び自動車重量税印紙の売りさばきに関する省令（抄）
・印紙税法基本通達（抄）
・消費税法の改正等に伴う印紙税の改正について
・租税特別措置法（間接諸税関係）の取扱いについて（法令解釈通達）の発遣について（抄）
・建設業法（抜粋）
・建設業法第2条第1項の別表の上欄に掲げる建設工事の内容

【印紙税法（抄）】

第1章　総　　則
（趣旨）
第1条　この法律は、印紙税の課税物件、納税義務者、課税標準、税率、納付及び申告の手続その他印紙税の納税義務の履行について必要な事項を定めるものとする。
（課税物件）
第2条　別表第1の課税物件の欄に掲げる文書には、この法律により、印紙税を課する。
（納税義務者）
第3条　別表第1の課税物件の欄に掲げる文書のうち、第5条の規定により印紙税を課さないものとされる文書以外の文書（以下「課税文書」という。）の作成者は、その作成した課税文書につき、印紙税を納める義務がある。
2　一の課税文書を2以上の者が共同して作成した場合には、当該2以上の者は、その作成した課税文書につき、連帯して印紙税を納める義務がある。
（課税文書の作成とみなす場合等）
第4条　別表第1第3号に掲げる約束手形又は為替手形で手形金額の記載のないものにつき手形金額の補充がされた場合には、当該補充をした者が、当該補充をした時に、同号に掲げる約束手形又は為替手形を作成したものとみなす。
2　別表第1第18号から第20号までの課税文書を1年以上にわたり継続して使用する場合には、当該課税文書を作成した日から1年を経過した日以後最初の付込みをした時に、当該課税文書を新たに作成したものとみなす。
3　一の文書（別表第1第3号から第6号まで、第9号及び第18号から第20号までに掲げる文書を除く。）に、同表第1号から第17号までの課税文書（同表第3号から第6号まで及び第9号の課税文書を除く。）により証されるべき事項の追記をした場合又は同表第18号若しくは第19号の課税文書として使用するための付込みをした場合には、当該追記又は付込みをした者が、当該追記又は付込みをした時に、当該追記又は付込みに係る事項を記載した課税文書を新たに作成したものとみなす。
4　別表第1第19号又は第20号の課税文書（以下この項において「通帳等」という。）に次の各号に掲げる事項の付込みがされた場合において、当該付込みがされた事項に係る記載金額（同表の課税物件表の適用に関する通則4に規定する記載金額をいう。第9条第3項において同じ。）が当該各号に掲げる金額であるときは、当該付込みがされた事項に係る部分については、当該通帳等への付込みがなく、当該各号に規定する課税文書の作成があったものとみなす。
一　別表第1第1号の課税文書により証されるべき事項10万円を超える金額
二　別表第1第2号の課税文書により証されるべき事項100万円を超える金額
三　別表第1第17号の課税文書（物件名の欄1に掲げる受取書に限る。）により証されるべき事項100万円を超える金額
5　次条第2号に規定する者（以下この条において「国等」という。）と国等以

外の者とが共同して作成した文書については、国等又は公証人法（明治41年法律第53号）に規定する公証人が保存するものは国等以外の者が作成したものとみなし、国等以外の者（公証人を除く。）が保存するものは国等が作成したものとみなす。

6　前項の規定は、次条第3号に規定する者とその他の者（国等を除く。）とが共同して作成した文書で同号に規定するものについて準用する。

（非課税文書）
第5条　別表第1の課税物件の欄に掲げる文書のうち、次に掲げるものには、印紙税を課さない。
一　別表第1の非課税物件の欄に掲げる文書
二　国、地方公共団体又は別表第2に掲げる者が作成した文書
三　別表第3の上欄に掲げる文書で、同表の下欄に掲げる者が作成したもの

（納税地）
第6条　印紙税の納税地は、次の各号に掲げる課税文書の区分に応じ、当該各号に掲げる場所とする。
一　第11条第1項又は第12条第1項の承認に係る課税文書　これらの承認をした税務署長の所属する税務署の管轄区域内の場所
二　第9条第1項の請求に係る課税文書　当該請求を受けた税務署長の所属する税務署の管轄区域内の場所
三　第10条第1項に規定する印紙税納付計器により、印紙税に相当する金額を表示して同項に規定する納付印を押す課税文書　当該印紙税納付計器の設置場所
四　前3号に掲げる課税文書以外の課税文書で、当該課税文書にその作成場所が明らかにされているもの　当該作成場所
五　第1号から第3号までに掲げる課税文書以外の課税文書で、当該課税文書にその作成場所が明らかにされていないもの　政令で定める場所

第2章　課税標準及び税率
（課税標準及び税率）
第7条　印紙税の課税標準及び税率は、別表第1の各号の課税文書の区分に応じ、同表の課税標準及び税率の欄に定めるところによる。

第3章　納付、申告及び還付等
（印紙による納付等）
第8条　課税文書の作成者は、次条から第12条までの規定の適用を受ける場合を除き、当該課税文書に課されるべき印紙税に相当する金額の印紙（以下「相当印紙」という。）を、当該課税文書の作成の時までに、当該課税文書にはり付ける方法により、印紙税を納付しなければならない。
2　課税文書の作成者は、前項の規定により当該課税文書に印紙をはり付ける場合には、政令で定めるところにより、当該課税文書と印紙の彩紋とにかけ、判明に印紙を消さなければならない。

（税印による納付の特例）
第9条　課税文書の作成者は、政令で定める手続により、財務省令で定める税務

署の税務署長に対し、当該課税文書に相当印紙をはり付けることに代えて、税印（財務省令で定める印影の形式を有する印をいう。次項において同じ。）を押すことを請求することができる。

2　前項の請求をした者は、次項の規定によりその請求が棄却された場合を除き、当該請求に係る課税文書に課されるべき印紙税額に相当する印紙税を、税印が押される時までに、国に納付しなければならない。

3　税務署長は、第1項の請求があった場合において、当該請求に係る課税文書の記載金額が明らかでないことその他印紙税の保全上不適当であると認めるときは、当該請求を棄却することができる。

（印紙税納付計器の使用による納付の特例）

第10条　課税文書の作成者は、政令で定めるところにより、印紙税納付計器（印紙税の保全上支障がないことにつき、政令で定めるところにより、国税庁長官の指定を受けた計器（第16条及び第18条第2項において「指定計器」という。）で、財務省令で定める形式の印影を生ずべき印（以下「納付印」という。）を付したものをいう。以下同じ。）を、その設置しようとする場所の所在地の所轄税務署長の承認を受けて設置した場合には、当該課税文書に相当印紙をはり付けることに代えて、当該印紙税納付計器により、当該課税文書に課されるべき印紙税額に相当する金額を表示して納付印を押すことができる。

2　前項の承認を受けて印紙税納付計器を設置する者は、政令で定めるところにより、同項の税務署長の承認を受けて、その者が交付を受ける課税文書の作成者のために、その交付を受ける際、当該作成者が当該課税文書に相当印紙をはり付けることに代えて、当該印紙税納付計器により、当該課税文書に課されるべき印紙税額に相当する金額を表示して納付印を押すことができる。

3　第1項の承認を受けた者は、前2項の規定により印紙税納付計器を使用する前に、政令で定めるところにより、第1項の税務署長に対し、当該印紙税納付計器により表示することができる印紙税額に相当する金額の総額を限度として当該印紙税納付計器を使用するため必要な措置を講ずることを請求しなければならない。

4　前項の請求をした者は、同項の表示することができる金額の総額に相当する印紙税を、同項の措置を受ける時までに、国に納付しなければならない。

5　第1項の承認を受けた者が印紙税に係る法令の規定に違反した場合その他印紙税の取締り上不適当と認められる場合には、税務署長は、その承認を取り消すことができる。

6　税務署長は、印紙税の保全上必要があると認めるときは、政令で定めるところにより、印紙税納付計器に封を施すことができる。

7　第1項又は第2項の規定により印紙税に相当する金額を表示して納付印を押す方法について必要な事項は、財務省令で定める。

（書式表示による申告及び納付の特例）

第11条　課税文書の作成者は、課税文書のうち、その様式又は形式が同一であり、かつ、その作成の事実が後日においても明らかにされているもので次の各号の一に該当するものを作成しようとする場合には、政令で定めるところにより、当該課税文書を作成しようとする場所の所在地の所轄税務署長の承認を受け、

相当印紙のはり付けに代えて、金銭をもって当該課税文書に係る印紙税を納付
することができる。
一　毎月継続して作成されることとされているもの
二　特定の日に多量に作成されることとされているもの
2　前項の承認の申請者が第15条の規定により命ぜられた担保の提供をしない場
合その他印紙税の保全上不適当と認められる場合には、税務署長は、その承認
を与えないことができる。
3　第1項の承認を受けた者は、当該承認に係る課税文書の作成の時までに、当
該課税文書に財務省令で定める書式による表示をしなければならない。
4　第1項の承認を受けた者は、政令で定めるところにより、次に掲げる事項を
記載した申告書を、当該課税文書が同項第1号に掲げる課税文書に該当する場
合には毎月分（当該課税文書を作成しなかった月分を除く。）をその翌月末日
までに、当該課税文書が同項第2号に掲げる課税文書に該当する場合には同号
に規定する日の属する月の翌月末日までに、その承認をした税務署長に提出し
なければならない。
一　その月中（第1項第2号に掲げる課税文書にあっては、同号に規定する
日）に作成した当該課税文書の号別及び種類並びに当該種類ごとの数量及び
当該数量を税率区分の異なるごとに合計した数量（次号において「課税標準
数量」という。）
二　課税標準数量に対する印紙税額及び当該印紙税額の合計額（次項において
「納付すべき税額」という。）
三　その他参考となるべき事項
5　前項の規定による申告書を提出した者は、当該申告書の提出期限までに、当
該申告書に記載した納付すべき税額に相当する印紙税を国に納付しなければな
らない。
6　第1項第1号の課税文書につき同項の承認を受けている者は、当該承認に係
る課税文書につき同項の適用を受ける必要がなくなったときは、政令で定める
手続により、その旨を同項の税務署長に届け出るものとする。
（預貯金通帳等に係る申告及び納付等の特例）
第12条　別表第1第18号及び第19号の課税文書のうち政令で定める通帳（以下こ
の条において「預貯金通帳等」という。）の作成者は、政令で定めるところに
より、当該預貯金通帳等を作成しようとする場所の所在地の所轄税務署長の承
認を受け、相当印紙の貼付けに代えて、金銭をもって、当該承認の日以後の各
課税期間（4月1日から翌年3月31日までの期間をいう。以下この条において
同じ。）内に作成する当該預貯金通帳等に係る印紙税を納付することができる。
2　前項の承認の申請者が第15条の規定により命ぜられた担保の提供をしない場
合その他印紙税の保全上不適当と認められる場合には、税務署長は、その承認
を与えないことができる。
3　第1項の承認を受けた者は、当該承認に係る預貯金通帳等に、課税期間にお
いて最初の付込みをする時までに、財務省令で定める書式による表示をしなけ
ればならない。ただし、既に当該表示をしている預貯金通帳等については、こ
の限りでない。

4　第１項の承認を受けた場合には、当該承認を受けた者が課税期間内に作成する当該預貯金通帳等は、当該課税期間の開始の時に作成するものとみなし、当該課税期間内に作成する当該預貯金通帳等の数量は、当該課税期間の開始の時における当該預貯金通帳等の種類ごとの当該預貯金通帳等に係る口座の数として政令で定めるところにより計算した数に相当する数量とみなす。

5　第１項の承認を受けた者は、政令で定めるところにより、次に掲げる事項を記載した申告書を、課税期間ごとに、当該課税期間の開始の日から起算して１月以内に、その承認をした税務署長に提出しなければならない。

一　当該承認に係る預貯金通帳等の課税文書の号別及び当該預貯金通帳等の種類並びに当該種類ごとの前項に規定する政令で定めるところにより計算した当該預貯金通帳等に係る口座の数に相当する当該預貯金通帳等の数量及び当該数量を当該号別に合計した数量（次号において「課税標準数量」という。）

二　課税標準数量に対する印紙税額及び当該印紙税額の合計額（次項において「納付すべき税額」という。）

三　その他参考となるべき事項

6　前項の規定による申告書を提出した者は、当該申告書の提出期限までに、当該申告書に記載した納付すべき税額に相当する印紙税を国に納付しなければならない。

7　第１項の承認を受けている者は、当該承認に係る預貯金通帳等につき同項の適用を受ける必要がなくなったときは、政令で定めるところにより、その旨を同項の税務署長に届け出るものとする。

第13条　削除

（過誤納の確認等）

第14条　印紙税に係る過誤納金（第10条第４項の規定により納付した印紙税で印紙税納付計器の設置の廃止その他の事由により納付の必要がなくなったものを含む。以下この条において同じ。）の還付を受けようとする者は、政令で定めるところにより、その過誤納の事実につき納税地の所轄税務署長の確認を受けなければならない。ただし、第11条及び第12条の規定による申告書（当該申告書に係る国税通則法（昭和37年法律第66号）第18条第２項若しくは第19条第３項（期限後申告・修正申告）に規定する期限後申告書若しくは修正申告書又は同法第24条から第26条まで（更正・決定）の規定による更正若しくは決定を含む。）に係る印紙税として納付され、又は第20条に規定する過怠税として徴収された過誤納金については、この限りでない。

2　第９条第２項又は第10条第４項の規定により印紙税を納付すべき者が、第９条第１項又は第10条第１項の税務署長に対し、政令で定めるところにより、印紙税に係る過誤納金（前項の確認を受けたもの及び同項ただし書に規定する過誤納金を除く。）の過誤納の事実の確認とその納付すべき印紙税への充当とをあわせて請求したときは、当該税務署長は、その充当をすることができる。

3　第１項の確認又は前項の充当を受ける過誤納金については、当該確認又は充当の時に過誤納があったものとみなして、国税通則法第56条から第58条まで（還付・充当・還付加算金）の規定を適用する。

第4章　雑　　則

(保全担保)

第15条　国税庁長官、国税局長又は税務署長は、印紙税の保全のために必要があると認めるときは、政令で定めるところにより、第11条第1項又は第12条第1項の承認の申請者に対し、金額及び期間を指定して、印紙税につき担保の提供を命ずることができる。

2　国税庁長官、国税局長又は税務署長は、必要があると認めるときは、前項の金額又は期間を変更することができる。

(納付印等の製造等の禁止)

第16条　何人も、印紙税納付計器、納付印（指定計器以外の計器その他の器具に取り付けられたものを含む。以下同じ。）又は納付印の印影に紛らわしい外観を有する印影を生ずべき印（以下「納付印等」と総称する。）を製造し、販売し、又は所持してはならない。ただし、納付印等の製造、販売又は所持をしようとする者が、政令で定めるところにより、当該製造、販売若しくは所持をしようとする場所の所在地の所轄税務署長の承認を受けた場合又は第10条第1項の承認を受けて印紙税納付計器を所持する場合は、この限りでない。

(印紙税納付計器販売業等の申告等)

第17条　印紙税納付計器の販売業又は納付印の製造業若しくは販売業をしようとする者は、その販売場又は製造場ごとに、政令で定めるところにより、その旨を当該販売場（その者が販売場を設けない場合には、その住所とし、住所がない場合には、その居所とする。）又は製造場の所在地の所轄税務署長に申告しなければならない。印紙税納付計器の販売業者又は納付印の製造業者若しくは販売業者が当該販売業又は製造業の廃止又は休止をしようとする場合も、また同様とする。

2　第10条第1項の承認を受けて同項の印紙税納付計器を設置した者が当該設置を廃止した場合には、政令で定めるところにより、その旨を同項の税務署長に届け出て同条第6項の封の解除その他必要な措置を受けなければならない。

(記帳義務)

第18条　第11条第1項又は第12条第1項の承認を受けた者は、政令で定めるところにより、当該承認に係る課税文書の作成に関する事実を帳簿に記載しなければならない。

2　印紙税納付計器の販売業者又は納付印の製造業者若しくは販売業者は、政令で定めるところにより、指定計器又は納付印等の受入れ、貯蔵又は払出しに関する事実を帳簿に記載しなければならない。

(申告義務等の承継)

第19条　法人が合併した場合には、合併後存続する法人又は合併により設立された法人は、合併により消滅した法人の次に掲げる義務を、相続（包括遺贈を含む。）があった場合には、相続人（包括受遺者を含む。）は、被相続人（包括遺贈者を含む。）の次に掲げる義務をそれぞれ承継する。

　一　第11条第4項又は第12条第5項の規定による申告の義務

　二　前条の規定による記帳の義務

（印紙納付に係る不納税額があった場合の過怠税の徴収）

第20条 第8条第1項の規定により印紙税を納付すべき課税文書の作成者が同項の規定により納付すべき印紙税を当該課税文書の作成の時までに納付しなかった場合には、当該印紙税の納税地の所轄税務署長は、当該課税文書の作成者から、当該納付しなかった印紙税の額とその2倍に相当する金額との合計額に相当する過怠税を徴収する。

2　前項に規定する課税文書の作成者から当該課税文書に係る印紙税の納税地の所轄税務署長に対し、政令で定めるところにより、当該課税文書について印紙税を納付していない旨の申出があり、かつ、その申出が印紙税についての調査があったことにより当該申出に係る課税文書について国税通則法第32条第1項（賦課決定）の規定による前項の過怠税についての決定があるべきことを予知してされたものでないときは、当該課税文書に係る同項の過怠税の額は、同項の規定にかかわらず、当該納付しなかった印紙税の額と当該印紙税の額に100分の10の割合を乗じて計算した金額との合計額に相当する金額とする。

3　第8条第1項の規定により印紙税を納付すべき課税文書の作成者が同条第2項の規定により印紙を消さなかった場合には、当該印紙税の納税地の所轄税務署長は、当該課税文書の作成者から、当該消されていない印紙の額面金額に相当する金額の過怠税を徴収する。

4　第1項又は前項の場合において、過怠税の合計額が1,000円に満たないときは、これを1,000円とする。

5　前項に規定する過怠税の合計額が、第2項の規定の適用を受けた過怠税のみに係る合計額であるときは、当該過怠税の合計額については、前項の規定の適用はないものとする。

6　税務署長は、国税通則法第32条第3項（賦課決定通知）の規定により第1項又は第3項の過怠税に係る賦課決定通知書を送達する場合には、当該賦課決定通知書に課税文書の種類その他の政令で定める事項を附記しなければならない。

7　第1項又は第3項の過怠税の税目は、印紙税とする。

第5章　罰　　則

第21条 次の各号のいずれかに該当する者は、3年以下の懲役若しくは100万円以下の罰金に処し、又はこれを併科する。

一　偽りその他不正の行為により印紙税を免れ、又は免れようとした者

二　偽りその他不正の行為により第14条第1項の規定による還付を受け、又は受けようとした者

2　前項の犯罪に係る課税文書に対する印紙税に相当する金額又は還付金に相当する金額の3倍が100万円を超える場合には、情状により、同項の罰金は、100万円を超え当該印紙税に相当する金額又は還付金に相当する金額の3倍以下とすることができる。

第22条 次の各号のいずれかに該当する者は、1年以下の懲役又は50万円以下の罰金に処する。

一　第8条第1項の規定による相当印紙のはり付けをしなかった者

二　第11条第4項又は第12条第5項の規定による申告書をその提出期限までに

　　提出しなかった者
　三　第16条の規定に違反した者
　四　第18条第１項又は第２項の規定による帳簿の記載をせず、若しくは偽り、又はその帳簿を隠匿した者
第23条　次の各号のいずれかに該当する者は、30万円以下の罰金に処する。
　一　第８条第２項の規定に違反した者
　二　第11条第３項又は第12条第３項の規定による表示をしなかった者
　三　第17条第１項の規定による申告をせず、又は同条第２項の規定による届出をしなかった者
第24条　法人の代表者又は法人若しくは人の代理人、使用人その他の従業者が、その法人又は人の業務又は財産に関して前３条の違反行為をしたときは、その行為者を罰するほか、その法人又は人に対して当該各条の罰金刑を科する。
附則　（省略）

別表第一　課税物件表（第２条〜第５条、第７条、第12条関係）

課税物件表の適用に関する通則
1　この表における文書の所属の決定は、この表の各号の規定による。この場合において、当該各号の規定により所属を決定することができないときは、２及び３に定めるところによる。
2　一の文書でこの表の２以上の号に掲げる文書により証されるべき事項又はこの表の１若しくは２以上の号に掲げる文書により証されるべき事項とその他の事項とが併記され、又は混合して記載されているものその他一の文書でこれに記載されている事項がこの表の２以上の号に掲げる文書により証されるべき事項に該当するものは、当該各号に掲げる文書に該当する文書とする。
3　一の文書が２の規定によりこの表の各号のうち２以上の号に掲げる文書に該当することとなる場合には、次に定めるところによりその所属を決定する。
　イ　第１号又は第２号に掲げる文書と第３号から第17号までに掲げる文書とに該当する文書は、第１号又は第２号に掲げる文書とする。ただし、第１号又は第２号に掲げる文書で契約金額の記載のないものと第７号に掲げる文書とに該当する文書は、同号に掲げる文書とし、第１号又は第２号に掲げる文書と第17号に掲げる文書とに該当する文書のうち、当該文書に売上代金（同号の定義の欄１に規定する売上代金をいう。以下この通則において同じ。）に係る受取金額（100万円を超えるものに限る。）の記載があるもので、当該受取金額が当該文書に記載された契約金額（当該金額が２以上ある場合には、その合計額）を超えるもの又は契約金額の記載のないものは、同号に掲げる文書とする。
　ロ　第１号に掲げる文書と第２号に掲げる文書とに該当する文書は、第１号に掲げる文書とする。ただし、当該文書に契約金額の記載があり、かつ、当該契約金額を第１号及び第２号に掲げる文書のそれぞれにより証されるべき事項ごとに区分することができる場合において、第１号に掲げる文書により証されるべき事項に係る金額として記載されている契約金額（当該金額が２以

　　上ある場合には、その合計額。以下このロにおいて同じ。）が第2号に掲げ
　　る文書により証されるべき事項に係る金額として記載されている契約金額に
　　満たないときは、同号に掲げる文書とする。
　ハ　第3号から第17号までに掲げる文書のうち2以上の号に掲げる文書に該当
　　する文書は、当該2以上の号のうち最も号数の少ない号に掲げる文書とする。
　　ただし、当該文書に売上代金に係る受取金額（100万円を超えるものに限
　　る。）の記載があるときは、第17号に掲げる文書とする。
　ニ　ホに規定する場合を除くほか、第18号から第20号までに掲げる文書と第1
　　号から第17号までに掲げる文書とに該当する文書は、第18号から第20号まで
　　に掲げる文書とする。
　ホ　第19号若しくは第20号に掲げる文書と第1号に掲げる文書とに該当する文
　　書で同号に掲げる文書に係る記載された契約金額が10万円を超えるもの、第
　　19号若しくは第20号に掲げる文書と第2号に掲げる文書とに該当する文書で
　　同号に掲げる文書に係る記載された契約金額が100万円を超えるもの又は第
　　19号若しくは第20号に掲げる文書と第17号に掲げる文書とに該当する文書で
　　同号に掲げる文書に係る記載された売上代金に係る受取金額が100万円を超
　　えるものは、それぞれ、第1号、第2号又は第17号に掲げる文書とする。
4　この表の課税標準及び税率の欄の税率又は非課税物件の欄の金額が契約金額、
　券面金額その他当該文書により証されるべき事項に係る金額（以下この4にお
　いて「契約金額等」という。）として当該文書に記載された金額（以下この4
　において「記載金額」という。）を基礎として定められている場合における当
　該金額の計算については、次に定めるところによる。
　イ　当該文書に2以上の記載金額があり、かつ、これらの金額が同一の号に該
　　当する文書により証されるべき事項に係るものである場合には、これらの金
　　額の合計額を当該文書の記載金額とする。
　ロ　当該文書が2の規定によりこの表の2以上の号に該当する文書である場合
　　には、次に定めるところによる。
　　㈠　当該文書の記載金額を当該2以上の号のそれぞれに掲げる文書により証
　　　されるべき事項ごとに区分することができるときは、当該文書が3の規定
　　　によりこの表のいずれの号に掲げる文書に所属することとなるかに応じ、
　　　その所属する号に掲げる文書により証されるべき事項に係る金額を当該文
　　　書の記載金額とする。
　　㈡　当該文書の記載金額を当該2以上の号のそれぞれに掲げる文書により証
　　　されるべき事項ごとに区分することができないときは、当該金額（当該金
　　　額のうちに、当該文書が3の規定によりこの表のいずれかの号に所属する
　　　こととなる場合における当該所属する号に掲げる文書により証されるべき
　　　事項に係る金額以外の金額として明らかにされている部分があるときは、
　　　当該明らかにされている部分の金額を除く。）を当該文書の記載金額とす
　　　る。
　ハ　当該文書が第17号に掲げる文書（3の規定により同号に掲げる文書となる
　　ものを含む。）のうち同号の物件名の欄1に掲げる受取書である場合には、
　　税率の適用に関しては、イ又はロの規定にかかわらず、次に定めるところに

よる。
　㈠　当該受取書の記載金額を売上代金に係る金額とその他の金額に区分することができるときは、売上代金に係る金額を当該受取書の記載金額とする。
　㈡　当該受取書の記載金額を売上代金に係る金額とその他の金額に区分することができないときは、当該記載金額（当該金額のうちに売上代金に係る金額以外の金額として明らかにされている部分があるときは、当該明らかにされている部分の金額を除く。）を当該受取書の記載金額とする。
ニ　契約金額等の変更の事実を証すべき文書について、当該文書に係る契約についての変更前の契約金額等の記載のある文書が作成されていることが明らかであり、かつ、変更の事実を証すべき文書により変更金額（変更前の契約金額等と変更後の契約金額等の差額に相当する金額をいう。以下同じ。）が記載されている場合（変更前の契約金額等と変更後の契約金額等が記載されていることにより変更金額を明らかにすることができる場合を含む。）には、当該変更金額が変更前の契約金額等を増加させるものであるときは、当該変更金額を当該文書の記載金額とし、当該変更金額が変更前の契約金額等を減少させるものであるときは、当該文書の記載金額の記載はないものとする。
ホ　次の㈠から㈢までの規定に該当する文書の記載金額については、それぞれ㈠から㈢までに定めるところによる。
　㈠　当該文書に記載されている単価及び数量、記号その他によりその契約金額等の計算をすることができるときは、その計算により算出した金額を当該文書の記載金額とする。
　㈡　第1号又は第2号に掲げる文書に当該文書に係る契約についての契約金額又は単価、数量、記号その他の記載のある見積書、注文書その他これらに類する文書（この表に掲げる文書を除く。）の名称、発行の日、記号、番号その他の記載があることにより、当事者間において当該契約についての契約金額が明らかであるとき又は当該契約についての契約金額の計算をすることができるときは、当該明らかである契約金額又は当該計算により算出した契約金額を当該第1号又は第2号に掲げる文書の記載金額とする。
　㈢　第17号に掲げる文書のうち売上代金として受け取る有価証券の受取書に当該有価証券の発行者の名称、発行の日、記号、番号その他の記載があること、又は同号に掲げる文書のうち売上代金として受け取る金銭若しくは有価証券の受取書に当該売上代金に係る受取金額の記載のある支払通知書、請求書その他これらに類する文書の名称、発行の日、記号、番号その他の記載があることにより、当事者間において当該売上代金に係る受取金額が明らかであるときは、当該明らかである受取金額を当該受取書の記載金額とする。
ヘ　当該文書の記載金額が外国通貨により表示されている場合には、当該文書を作成した日における外国為替及び外国貿易法（昭和24年法律第228号）第7条第1項（外国為替相場）の規定により財務大臣が定めた基準外国為替相場又は裁定外国為替相場により当該記載金額を本邦通貨に換算した金額を当該文書についての記載金額とする。
5　この表の第1号、第2号、第7号及び第12号から第15号までにおいて「契約

書」とは、契約証書、協定書、約定書その他名称のいかんを問わず、契約（その予約を含む。以下同じ。）の成立若しくは更改又は契約の内容の変更若しくは補充の事実（以下「契約の成立等」という。）を証すべき文書をいい、念書、請書その他契約の当事者の一方のみが作成する文書又は契約の当事者の全部若しくは一部の署名を欠く文書で、当事者間の了解又は商慣習に基づき契約の成立等を証することとされているものを含むものとする。

6　1から5までに規定するもののほか、この表の規定の適用に関し必要な事項は、政令で定める。

別表第1　課税物件表（本書表紙裏面参照）
別表第2　非課税法人の表（略）
別表第3　非課税文書の表（略）

【印紙税法施行令（抄）】

（印紙を消す方法）
第5条　課税文書の作成者は、法第8条第2項の規定により印紙を消す場合には、自己又はその代理人（法人の代表者を含む。）、使用人その他の従業者の印章又は署名で消さなければならない。

（過誤納の確認等）
第14条　法第14条第1項の確認を受けようとする者は、次に掲げる事項を記載した申請書を当該税務署長に提出しなければならない。
　一　申請者の住所、氏名又は名称及び個人番号又は法人番号（個人番号又は法人番号を有しない者にあっては、住所及び氏名又は名称）
　二　当該過誤納に係る印紙税の次に掲げる区分に応じ、次に掲げる事項
　　イ　印紙を貼り付けた文書　税印を押した文書又は印紙税納付計器により印紙税額に相当する金額を表示して納付印を押した文書に係る印紙税当該文書の種類、当該種類ごとの数量、当該過誤納となった金額及び当該印紙を貼り付け又は当該税印若しくは納付印を押した年月日
　　ロ　イに掲げる印紙税を除くほか、法第9条第2項又は法第10条第4項の規定により納付した印紙税　当該納付した印紙税の額、当該印紙税の額のうち過誤納となった金額及び当該納付した年月日
　三　過誤納となった理由
　四　その他参考となるべき事項
2　法第14条第1項の確認を受けようとする者は、前項の申請書を提出する際、当該過誤納となった事実を証するため必要な文書その他の物件を当該税務署長に提示しなければならない。
3　税務署長は、法第14条第1項の確認をしたときは、前項の規定により提示された文書その他の物件に当該確認をしたことを明らかにするため必要な措置を講ずるものとする。
4　法第14条第2項の規定による確認と充当との請求をしようとする者は、第1項各号に掲げる事項及び当該過誤納金をその納付すべき印紙税に充当すること

を請求する旨を記載した請求書を当該税務署長に提出しなければならない。
5　第2項の規定は法第14条第2項の確認及び充当の請求をする場合について、第3項の規定は同条第2項の充当をした場合について、それぞれ準用する。
（印紙税を納付していない旨の申出等）
第19条　法第20条第2項の申出をしようとする者は、次に掲げる事項を記載した申出書を当該税務署長に提出しなければならない。
　　一　申出者の住所、氏名又は名称及び個人番号又は法人番号（個人番号又は法人番号を有しない者にあっては、住所及び氏名又は名称）
　　二　当該申出に係る課税文書の号別及び種類、数量並びにその作成年月日
　　三　当該課税文書に課されるべき印紙税額及び当該課税文書につき納付していない印紙税額並びにこれらの印紙税額のそれぞれの合計額
　　四　その他参考となるべき事項
2　法第20条第6項に規定する政令で定める事項は、次に掲げる事項とする。
　　一　当該過怠税に係る課税文書の号別及び種類、数量並びにその作成年月日並びに作成者の住所及び氏名又は名称
　　二　当該課税文書の所持者が明らかな場合には、当該所持者の住所及び氏名又は名称
　　三　過怠税を徴収する理由
（継続的取引の基本となる契約書の範囲）
第26条　法別表第1第7号の定義の欄に規定する政令で定める契約書は、次に掲げる契約書とする。
　　一　特約店契約書その他名称のいかんを問わず、営業者（法別表第1第17号の非課税物件の欄に規定する営業を行う者をいう。）の間において、売買、売買の委託、運送、運送取扱い又は請負に関する2以上の取引を継続して行うため作成される契約書で、当該2以上の取引に共通して適用される取引条件のうち目的物の種類、取扱数量、単価、対価の支払方法、債務不履行の場合の損害賠償の方法又は再販売価格を定めるもの（電気又はガスの供給に関するものを除く。）
　　二　代理店契約書、業務委託契約書その他名称のいかんを問わず、売買に関する業務、金融機関の業務、保険募集の業務又は株式の発行若しくは名義書換えの事務を継続して委託するため作成される契約書で、委託される業務又は事務の範囲又は対価の支払方法を定めるもの
　　三　銀行取引約定書その他名称のいかんを問わず、金融機関から信用の供与を受ける者と当該金融機関との間において、貸付け（手形割引及び当座貸越しを含む。）、支払承諾、外国為替その他の取引によって生ずる当該金融機関に対する一切の債務の履行について包括的に履行方法その他の基本的事項を定める契約書
　　四　信用取引口座設定約諾書その他名称のいかんを問わず、金融商品取引法第2条第9項（定義）に規定する金融商品取引業者又は商品先物取引法（昭和25年法律第239号）第2条第23項（定義）に規定する商品先物取引業者とこれらの顧客との間において、有価証券又は商品の売買に関する2以上の取引（有価証券の売買にあっては信用取引又は発行日決済取引に限り、商品の売

買にあっては商品市場における取引（商品清算取引を除く。）に限る。）を継続して委託するため作成される契約書で、当該2以上の取引に共通して適用される取引条件のうち受渡しその他の決済方法、対価の支払方法又は債務不履行の場合の損害賠償の方法を定めるもの

五　保険特約書その他名称のいかんを問わず、損害保険会社と保険契約者との間において、2以上の保険契約を継続して行うため作成される契約書で、これらの保険契約に共通して適用される保険要件のうち保険の目的の種類、保険金額又は保険料率を定めるもの

【租税特別措置法（抄）】

(不動産の譲渡に関する契約書等に係る印紙税の税率の特例)

第91条　平成9年4月1日から平成26年3月31日までの間に作成される印紙税法別表第1第1号の物件名の欄1に掲げる不動産の譲渡に関する契約書（一の文書が当該契約書と当該契約書以外の同号に掲げる契約書とに該当する場合における当該一の文書を含む。次項及び次条第1項において「不動産譲渡契約書」という。）又は同表第2号に掲げる請負に関する契約書（建設業法第2条第1項に規定する建設工事の請負に係る契約に基づき作成されるものに限る。第3項及び次条第1項において「建設工事請負契約書」という。）のうち、これらの契約書に記載された契約金額が1千万円を超えるものに係る印紙税の税率は、同表第1号及び第2号の規定にかかわらず、次の各号に掲げる契約金額の区分に応じ、1通につき、当該各号に定める金額とする。

一　1千万円を超え5千万円以下のもの　1万5千円
二　5千万円を超え1億円以下のもの　4万5千円
三　1億円を超え5億円以下のもの　8万円
四　5億円を超え10億円以下のもの　18万円
五　10億円を超え50億円以下のもの　36万円
六　50億円を超えるもの　54万円

2　平成26年4月1日から令和2年（2020年）3月31日までの間に作成される不動産譲渡契約書のうち、当該不動産譲渡契約書に記載された契約金額が10万円を超えるものに係る印紙税の税率は、印紙税法別表第1第1号の規定にかかわらず、次の各号に掲げる契約金額の区分に応じ、1通につき、当該各号に定める金額とする。

一　10万円を超え50万円以下のもの　2百円
二　50万円を超え100万円以下のもの　5百円
三　100万円を超え500万円以下のもの　1千円
四　500万円を超え1千万円以下のもの　5千円
五　1千万円を超え5千万円以下のもの　1万円
六　5千万円を超え1億円以下のもの　3万円
七　1億円を超え5億円以下のもの　6万円
八　5億円を超え10億円以下のもの　16万円
九　10億円を超え50億円以下のもの　32万円

　十　50億円を超えるもの　48万円
3　平成26年4月1日から令和2年（2020年）3月31日までの間に作成される建
　設工事請負契約書のうち、当該建設工事請負契約書に記載された契約金額が百
　万円を超えるものに係る印紙税の税率は、印紙税法別表第1第2号の規定にか
　かわらず、次の各号に掲げる契約金額の区分に応じ、1通につき、当該各号に
　定める金額とする。
　　一　100万円を超え200万円以下のもの　　2百円
　　二　200万円を超え300万円以下のもの　　5百円
　　三　300万円を超え500万円以下のもの　　1千円
　　四　500万円を超え1千万円以下のもの　　5千円
　　五　1千万円を超え5千万円以下のもの　　1万円
　　六　5千万円を超え1億円以下のもの　　3万円
　　七　1億円を超え5億円以下のもの　　6万円
　　八　5億円を超え10億円以下のもの　　16万円
　　九　10億円を超え50億円以下のもの　　32万円
　　十　50億円を超えるもの　　48万円
4　前2項の規定の適用がある場合における印紙税法第4条第4項及び別表第1
　の課税物件表の適用に関する通則3の規定の適用については、同項第1号中
　「10万円」とあるのは「10万円（当該課税文書が租税特別措置法（昭和32年法
　律第26号）第91条第1項に規定する不動産譲渡契約書である場合にあっては、
　50万円）」と、同項第2号中「100万円」とあるのは「100万円（当該課税文書
　が租税特別措置法第91条第1項に規定する建設工事請負契約書である場合に
　あっては、200万円）」と、同法別表第1の課税物件表の適用に関する通則3ホ
　中「10万円」とあるのは「10万円（同号に掲げる文書が租税特別措置法第91条
　第1項に規定する不動産譲渡契約書である場合にあっては、50万円）」と、「契
　約金額が100万円」とあるのは「契約金額が100万円（同号に掲げる文書が同項
　に規定する建設工事請負契約書である場合にあっては、200万円）」とする。

【収入印紙及び自動車重量税印紙の売りさばきに関する省令（抄）】

（印紙の交換）
第8条　法第3条第6項の規定に基づき収入印紙の交換を請求する者は、次に掲
　げる事項を記載した用紙を、当該収入印紙及び収入印紙の交換手数料とともに、
　収入印紙を売りさばく会社の営業所に提出しなければならない。この場合にお
　いて、当該収入印紙が文書等に貼り付けられたものであるときは、その状態で
　提示の上、当該収入印紙を提出しなければならない。
　　一　交換の請求に係る収入印紙の種類、枚数及び合計金額
　　二　交換を希望する収入印紙の種類、枚数及び合計金額
2　法第3条第6項の規定に基づき自動車重量税印紙の交換を請求する者は、次
　に掲げる事項を記載した用紙を、当該自動車重量税印紙及び自動車重量税印紙
　の交換手数料とともに、自動車重量税印紙を売りさばく会社の営業所に提出し
　なければならない。この場合において、当該自動車重量税印紙が文書等に貼り

付けられたものであるときは、その状態で提示の上、当該自動車重量税印紙を提出しなければならない。

一　交換の請求に係る自動車重量税印紙の種類、枚数及び合計金額

二　交換を希望する自動車重量税印紙の種類、枚数及び合計金額

3　前2項の交換の請求があった場合において、当該請求に係る印紙が租税又は国の歳入金の納付に用いられた疑いがあるときは、これを交換しないものとする。

（交換手数料）

第9条　印紙の交換手数料の額は、交換の請求に係るもの1枚につき5円とする。ただし、交換の請求に係る印紙に表された金額が10円に満たないものである場合には、印紙に表された金額（請求に係るものが2枚以上のときは、その合計額）の半額（その額に1円未満の端数があるときは、その端数を切り捨てた額）とする。

2　前項の交換手数料は、現金で納付しなければならない。

【印紙税法基本通達（抄）】

（他の文書を引用している文書の判断）

第4条　一の文書で、その内容に原契約書、約款、見積書その他当該文書以外の文書を引用する旨の文言の記載があるものについては、当該文書に引用されているその他の文書の内容は、当該文書に記載されているものとして当該文書の内容を判断する。

2　前項の場合において、記載金額及び契約期間については、当該文書に記載されている記載金額及び契約期間のみに基づいて判断する。

　(注)　第1号文書若しくは第2号文書又は第17号の1文書について、通則4のホの(二)又は(三)の規定が適用される場合には、当該規定に定めるところによるのであるから留意する。

（契約書の意義）

第12条　法に規定する「契約書」とは、契約当事者の間において、契約（その予約を含む。）の成立、更改又は内容の変更若しくは補充の事実（以下「契約の成立等」という。）を証明する目的で作成される文書をいい、契約の消滅の事実を証明する目的で作成される文書は含まない。

　なお、課税事項のうちの一の重要な事項を証明する目的で作成される文書であっても、当該契約書に該当するのであるから留意する。

　おって、その重要な事項は別表第2に定める。

　(注)　文書中に契約の成立等に関する事項が記載されていて、契約の成立等を証明することができるとしても、例えば社債券のようにその文書の作成目的が契約に基づく権利を表彰することにあるものは、契約書に該当しない。

（契約の意義）

第14条　通則5に規定する「契約」とは、互いに対立する2個以上の意思表示の合致、すなわち一方の申込みと他方の承諾によって成立する法律行為をいう。

（予約の意義等）
第15条　通則5に規定する「予約」とは、本契約を将来成立させることを約する契約をいい、当該契約を証するための文書は、その成立させようとする本契約の内容に従って、課税物件表における所属を決定する。

（契約の更改の意義等）
第16条　通則5に規定する「契約の更改」とは、契約によって既存の債務を消滅させて新たな債務を成立させることをいい、当該契約を証するための文書は、新たに成立する債務の内容に従って、課税物件表における所属を決定する。
　（例）　請負代金支払債務を消滅させ、土地を給付する債務を成立させる契約書　第1号文書
　（注）　更改における新旧両債務は同一性がなく、旧債務に伴った担保、保証、抗弁権等は原則として消滅する。したがって、既存の債務の同一性を失わせないで契約の内容を変更する契約とは異なることに留意する。

（契約の内容の変更の意義等）
第17条　通則5に規定する「契約の内容の変更」とは、既に存在している契約（以下「原契約」という。）の同一性を失わせないで、その内容を変更することをいう。
2　契約の内容の変更を証するための文書（以下「変更契約書」という。）の課税物件表における所属の決定は、次の区分に応じ、それぞれ次に掲げるところによる。
　⑴　原契約が課税物件表の一の号のみの課税事項を含む場合において、当該課税事項のうちの重要な事項を変更する契約書については、原契約と同一の号に所属を決定する。
　　（例）　消費貸借契約書（第1号文書）の消費貸借金額50万円を100万円に変更する契約書　第1号文書
　⑵　原契約が課税物件表の2以上の号の課税事項を含む場合において、当該課税事項の内容のうち重要な事項を変更する契約書については、当該2以上の号のいずれか一方の号のみの重要な事項を変更するものは、当該一方の号に所属を決定し、当該2以上の号のうちの2以上の号の重要な事項を変更するものは、それぞれの号に該当し、通則3の規定によりその所属を決定する。
　　（例）
　　1　報酬月額及び契約期間の記載がある清掃請負契約書（第2号文書と第7号文書に該当し、所属は第2号文書）の報酬月額を変更するもので、契約期間又は報酬総額の記載のない契約書　第7号文書
　　2　報酬月額及び契約期間の記載がある清掃請負契約書（第2号文書と第7号文書に該当し、所属は第2号文書）の報酬月額を変更するもので、契約期間又は報酬総額のある契約書　第2号文書
　⑶　原契約の内容のうちの課税事項に該当しない事項を変更する契約書で、その変更に係る事項が原契約書の該当する課税物件表の号以外の号の重要な事項に該当するものは、当該原契約書の該当する号以外の号に所属を決定する。
　　（例）　消費貸借に関する契約書（第1号文書）の連帯保証人を変更する契約書　第13号文書

⑷ ⑴から⑶までに掲げる契約書で重要な事項以外の事項を変更するものは、課税文書に該当しない。

3 前項の重要な事項は、別表第2に定める。

（契約の内容の補充の意義等）

第18条 通則5に規定する「契約の内容の補充」とは、原契約の内容として欠けている事項を補充することをいう。

2 契約の内容の補充を証するための文書（以下「補充契約書」という。）の課税物件表における所属の決定は、次の区分に応じ、それぞれ次に掲げるところによる。

⑴ 原契約が課税物件表の一の号のみの課税事項を含む場合において、当該課税事項の内容のうちの重要な事項を補充する契約書は、原契約と同一の号に所属を決定する。

（例） 売買の目的物のみを特定した不動産売買契約書について、後日、売買価額を決定する契約書　　第1号文書

⑵ 原契約が2以上の号の課税事項を含む場合において、当該課税事項の内容のうちの重要な事項を補充する契約書については、当該2以上の号のいずれか一方の号のみの重要な事項を補充するものは、当該一方の号に所属を決定し、当該2以上の号のうちの2以上の号の重要な事項を補充するものは、それぞれの号に該当し、通則3の規定によりその所属を決定する。

（例） 契約金額の記載のない清掃請負契約書（第2号文書と第7号文書に該当し、所属は第7号文書）の報酬月額及び契約期間を決定する契約書　　第2号文書

⑶ 原契約の内容のうちの課税事項に該当しない事項を補充する契約書で、その補充に係る事項が原契約書の該当する課税物件表の号以外の号の重要な事項に該当するものは、当該原契約書の該当する号以外の号に所属を決定する。

（例） 消費貸借契約書（第1号文書）に新たに連帯保証人の保証を付す契約書　　第13号文書

⑷ 1から3までに掲げる契約書で重要な事項以外の事項を補充するものは、課税文書に該当しない。

3 前項の重要な事項は、別表第2に定める。

（同一の内容の文書を2通以上作成した場合）

第19条 契約当事者間において、同一の内容の文書を2通以上作成した場合において、それぞれの文書が課税事項を証明する目的で作成されたものであるときは、それぞれの文書が課税文書に該当する。

2 写、副本、謄本等と表示された文書で次に掲げるものは、課税文書に該当するものとする。

⑴ 契約当事者の双方又は一方の署名又は押印があるもの（ただし、文書の所持者のみが署名又は押印しているものを除く。）

⑵ 正本等と相違ないこと、又は写し、副本、謄本等であることの契約当事者の証明（正本等との割印を含む。）のあるもの（ただし、文書の所持者のみが証明しているものを除く。）

（申込書等と表示された文書の取扱い）

第21条 契約は、申込みと当該申込みに対する承諾によって成立するのであるから、契約の申込みの事実を証明する目的で作成される単なる申込文書は契約書には該当しないが、申込書、注文書、依頼書等（次項において「申込書等」という。）と表示された文書であっても、相手方の申込みに対する承諾事実を証明する目的で作成されるものは、契約書に該当する。

2 申込書等と表示された文書のうち、次に掲げるものは、原則として契約書に該当するものとする。

(1) 契約当事者の間の基本契約書、規約又は約款等に基づく申込みであることが記載されていて、一方の申込みにより自動的に契約が成立することとなっている場合における当該申込書等。ただし、契約の相手方当事者が別に請書等契約の成立を証明する文書を作成することが記載されているものを除く。

(2) 見積書その他の契約の相手方当事者の作成した文書等に基づく申込みであることが記載されている当該申込書等。ただし、契約の相手方当事者が別に請書等契約の成立を証明する文書を作成することが記載されているものを除く。

(3) 契約当事者双方の署名又は押印があるもの

（契約金額の意義）

第23条 課税物件表の第1号、第2号及び第15号に規定する「契約金額」とは、次に掲げる文書の区分に応じ、それぞれ次に掲げる金額で、当該文書において契約の成立等に関し直接証明の目的となっているものをいう。

(1) 略

(2) 第1号の2文書 設定又は譲渡の対価たる金額

なお、「設定又は譲渡の対価たる金額」とは、賃貸料を除き、権利金その他名称のいかんを問わず、契約に際して相手方当事者に交付し、後日返還されることが予定されていない金額をいう。したがって、後日返還されることが予定されている保証金、敷金等は、契約金額には該当しない。

(3)〜(6) 略

（記載金額の計算）

第24条 通則4に規定する記載金額の計算は、次の区分に応じ、それぞれ次に掲げるところによる。

(1)〜(7) 略

(8) 第17号の1文書であって、受け取る有価証券の発行者の名称、発行の日、記号、番号その他の記載があることにより、当事者間において売上代金に係る受取金額が明らかである場合 その明らかである受取金額

（例） 物品売買代金の受取書

○○㈱発行のNo.××の小切手と記載した受取書 （第17号の1文書） 当該小切手の券面金額

(9) 第17号の1文書であって、受け取る金額の記載のある支払通知書、請求書その他これらに類する文書の名称、発行の日、記号、番号その他の記載があることにより、当事者間において売上代金に係る受取金額が明らかである場合 その明らかである受取金額

　（例）　請負代金の受取書
　　　　○○㈱発行の支払通知書No.××と記載した受取書　（第17号の1
　　文書）当該支払通知書の記載金額
⑽　記載金額が外国通貨により表示されている場合　文書作成時の本邦通貨
に換算した金額
　（例）　債権売買契約書
　　　　A債権米貨10,000ドル　（第15号文書）130万円
　㊟　米貨（ドル）は基準外国為替相場により、その他の外国通貨は裁定外国
　　為替相場により、それぞれ本邦通貨に換算する。

（予定金額等が記載されている文書の記載金額）
第26条　予定金額等が記載されている文書の記載金額の計算は、次の区分に応じ、
それぞれ次に掲げるところによる。
⑴　記載された契約金額等が予定金額又は概算金額である場合　予定金額又
は概算金額
（例）

　　予定金額　250万円　250万円
　　概算金額　250万円　250万円
　　約　　　　250万円　250万円
⑵　記載された契約金額等が最低金額又は最高金額である場合　最低金額又
は最高金額
（例）

　　最低金額　　　　50万円　50万円
　　50万円以上　　　　　　50万円
　　50万円超　　　　　　50万1円
　　最高金額　　　100万円　100万円
　　100万円以下　　　　　100万円
　　100万円未満　　　99万9,999円
⑶　記載された契約金額等が最低金額と最高金額である場合　最低金額
（例）

　　50万円から100万円まで　　　50万円
　　50万円を超え100万円以下　50万1円
⑷　記載されている単価及び数量、記号その他によりその記載金額が計算でき
る場合において、その単価及び数量等が、予定単価又は予定数量等となって
いるとき　⑴から⑶までの規定を準用して算出した金額
（例）

　　予定単価1万円、予定数量100個　100万円
　　概算単価1万円、概算数量100個　100万円
　　予定単価1万円、最低数量100個　100万円
　　最高単価1万円、最高数量100個　100万円
　　単価1万円で50個から100個まで　50万円

（月単位等で契約金額を定めている契約書の記載金額）
第29条　月単位等で金額を定めている契約書で、契約期間の記載があるものは当

該金額に契約期間の月数等を乗じて算出した金額を記載金額とし、契約期間の記載のないものは記載金額がないものとして取り扱う。

なお、契約期間の更新の定めがあるものについては、更新前の期間のみを算出の根基とし、更新後の期間は含まないものとする。

(例)　ビル清掃請負契約書において、「清掃料は月10万円、契約期間は１年とするが、当事者異議なきときは更に１年延長する。」と記載したもの
記載金額120万円（10万円×12月）の第２号文書

（契約金額を変更する契約書の記載金額）

第30条　契約金額を変更する契約書（次項に該当するものを除く。）については、変更後の金額が記載されている場合（当初の契約金額と変更金額の双方が記載されていること等により、変更後の金額が算出できる場合を含む。）は当該変更後の金額を、変更金額のみが記載されている場合は当該変更金額をそれぞれ記載金額とする。

(例)　土地売買契約変更契約書において

1　当初の売買金額100万円を10万円増額（又は減額）すると記載したもの　（第１号文書）110万円（又は90万円）

2　当初の売買金額を10万円増額（又は減額）すると記載したもの（第１号文書）10万円

2　契約金額を変更する契約書のうち、通則４のニの規定が適用される文書の記載金額は、それぞれ次のようになるのであるから留意する。

なお、通則４のニに規定する「当該文書に係る契約についての変更前の契約金額等の記載のある文書が作成されていることが明らかであり」とは、契約金額等の変更の事実を証すべき文書（以下「変更契約書」という。）に変更前の契約金額等を証明した文書（以下「変更前契約書」という。）の名称、文書番号又は契約年月日等変更前契約書を特定できる事項の記載があること又は変更前契約書と変更契約書とが一体として保管されていること等により、変更前契約書が作成されていることが明らかな場合をいう。

(1)　契約金額を増加させるものは、当該契約書により増加する金額が記載金額となる。

(例)　土地の売買契約の変更契約書において、当初の売買金額1,000万円を100万円増額すると記載したもの又は当初の売買金額1,000万円を1,100万円に増額すると記載したもの　（第１号文書）100万円

(2)　契約金額を減少させるものは、記載金額のないものとなる。

(例)　土地の売買契約の変更契約書において、当初の売買金額1,000万円を100万円減額すると記載したもの又は当初の売買金額1,100万円を1,000万円に減額すると記載したもの　（第１号文書）記載金額なし

(注)　変更前契約書の名称等が記載されている文書であっても、変更前契約書が現実に作成されていない場合は、第１項の規定が適用されるのであるから留意する。

（記載金額５万円未満の第17号文書の取扱い）

第34条　課税物件表第17号の非課税物件欄１に該当するかどうかを判断する場合には、通則４のイの規定により売上代金に係る金額とその他の金額との合計額

によるのであるから留意する。

　(例)　貸付金元金4万円と貸付金利息1万円の受取書（第17号の1文書）記載
　　金額は5万円となり非課税文書には該当しない。

（作成等の意義）

第44条　法に規定する課税文書の「作成」とは、単なる課税文書の調製行為をいうのでなく、課税文書となるべき用紙等に課税事項を記載し、これを当該文書の目的に従って行使することをいう。

2　課税文書の「作成の時」とは、次の区分に応じ、それぞれ次に掲げるところによる。

　(1)　相手方に交付する目的で作成される課税文書　　当該交付の時
　(2)　契約当事者の意思の合致を証明する目的で作成される課税文書　　当該証明の時
　(3)　一定事項の付け込み証明をすることを目的として作成される課税文書　　当該最初の付け込みの時
　(4)　認証を受けることにより効力が生ずることとなる課税文書　　当該認証の時
　(5)　第5号文書のうち新設分割計画書　　本店に備え置く時

（作成場所が法施行地外となっている場合）

第49条　文書の作成場所が法施行地外である場合の当該文書については、たとえ当該文書に基づく権利の行使又は当該文書の保存が法施行地内で行われるものであっても、法は適用されない。ただし、その文書に法施行地外の作成場所が記載されていても、現実に法施行地内で作成されたものについては、法が適用されるのであるから留意する。

（確認及び充当の請求ができる過誤納金の範囲等）

第115条　法第14条《過誤納の確認等》の規定により、過誤納の事実の確認及び過誤納金の充当の請求をすることができる場合は、次に掲げる場合とする。

　(1)　印紙税の納付の必要がない文書に誤って印紙をはり付け（印紙により納付することとされている印紙税以外の租税又は国の歳入金を納付するために文書に印紙をはり付けた場合を除く。）、又は納付印を押した場合（法第10条《印紙税納付計器の使用による納付の特例》第2項の規定による承認を受けた印紙税納付計器の設置者が、交付を受けた文書に納付印を押した場合を含む。(3)において同じ。）
　(2)　印紙をはり付け、税印を押し、又は納付印を押した課税文書の用紙で、損傷、汚染、書損その他の理由により使用する見込みのなくなった場合
　(3)　印紙をはり付け、税印を押し、又は納付印を押した課税文書で、納付した金額が相当金額を超える場合
　(4)　法第9条《税印による納付の特例》第1項、第10条第1項、第11条《書式表示による申告及び納付の特例》第1項又は第12条《預貯金通帳等に係る申告及び納付等の特例》第1項の規定の適用を受けた課税文書について、当該各項に規定する納付方法以外の方法によって相当金額の印紙税を納付した場合
　(5)　法第9条第2項の規定により印紙税を納付し、同条第1項の規定により税

印を押すことの請求をしなかった場合（同条第3項の規定により当該請求が棄却された場合を含む。）

(6) 印紙税納付計器の設置者が法第10条第2項の規定による承認を受けることなく、交付を受けた課税文書に納付印を押した場合

(7) 法第10条第4項の規定により印紙税を納付し、印紙税納付計器の設置の廃止その他の理由により当該印紙税納付計器を使用しなくなった場合

（交付を受けた課税文書に過誤納があった場合の還付等）

第115条の2 印紙税納付計器の設置者が、交付を受けた文書に納付印を押した場合において、当該文書に過誤納があるときは、当該設置者に還付等の請求を行わせる。

（過誤納となった事実を証するため必要な文書その他の物件の意義等）

第116条 令第14条《過誤納の確認》第2項に規定する「過誤納となった事実を証するため必要な文書その他の物件」とは、下表の左欄に掲げる過誤納の事実の区分に応じ、同表の右欄に掲げる物件をいう。

過誤納の事実	提示又は提出する物件
第115条《確認及び充当の請求ができる過誤納金の範囲等》の(1)、(2)、(3)、(4)又は(6)に該当する場合	印紙をはり付け、税印を押し、又は納付印を押した過誤納に係る文書
第115条の(5)に該当する場合	過誤納に係る印紙税を納付したことを証する領収証書
第115条の(7)に該当する場合	過誤納に係る印紙税を納付したことを証する領収証書及び印紙税納付計器

（過誤納金の充当）

第117条 法第14条《過誤納の確認等》第2項の規定による過誤納金の充当は、通則法第56条《還付》及び同法第57条《充当》の規定に対する特則であって、他に未納の国税があっても同項の充当ができることに留意する。

（過誤納金の還付等の請求）

第118条 法第14条《過誤納の確認等》第3項の規定は、同条第1項に規定する過誤納の確認又は同条第2項に規定する過誤納金の充当があった時に過誤納があったものとみなして通則法の規定により還付又は充当し、若しくは還付加算金を計算することを規定したものであって、過誤納金に係る国に対する請求権の起算日を規定したものではない。したがって、過誤納金に係る国に対する請求権は、その請求することができる日から5年を経過することによって、時効により消滅するのであるから留意する。

2 前項における消滅時効の起算日は、次に掲げる区分に応じ、それぞれ次に定める日の翌日とする。

(1) 第115条《確認及び充当の請求ができる過誤納金の範囲等》の(1)に掲げる場合　印紙をはり付け、又は納付印を押した日

(2) 同条の(2)に掲げる場合　使用する見込みのなくなった日

　(3)　同条の(3)、(4)又は(6)に掲げる場合　　印紙をはり付け、税印を押し、又は
　　　納付印を押した日
　(4)　同条の(5)に掲げる場合　　印紙税を納付した日（請求が棄却された場合に
　　　は、当該棄却の日）
　(5)　同条の(7)に規定する場合　　印紙税納付計器を使用しなくなった日
（過誤納の確認等の時）
第119条　法第14条《過誤納の確認等》第３項に規定する「確認又は充当の時」
　　とは、令第14条《過誤納の確認等》第１項に規定する申請書及び同条第２項に
　　規定する過誤納の事実を証するため必要な文書その他の物件が、納税地を所轄
　　する税務署長に提出及び提示された時とする。

別表第１　課税物件、課税標準及び税率の取扱い（抄）

第１号の２文書
| 地上権又は土地の賃借権の設定又は譲渡に関する契約書 |

（土地の賃借権の意義）
2　「土地の賃借権」とは、民法第601条《賃貸借》に規定する賃貸借契約に基づ
　　き賃借人が土地（地下又は空間を含む。）を使用収益できる権利をいい、借地
　　借家法（平成３年法律第90号）第２条《定義》に規定する借地権に限らない。
（地上権、賃借権、使用貸借権の区分）
3　地上権であるか土地の賃借権又は使用貸借権であるかが判明しないものは、
　　土地の賃借権又は使用貸借権として取り扱う。
　　　なお、土地の賃借権と使用貸借権との区分は、土地を使用収益することにつ
　　いてその対価を支払わないこととしている場合が土地の使用貸借権となり、土
　　地の使用貸借権の設定に関する契約書は、第１号の２文書（土地の賃借権の設
　　定に関する契約書）には該当せず、使用貸借に関する契約書に該当するのであ
　　るから課税文書に当たらないことに留意する。

第１号の３文書
| 消費貸借に関する契約書 |

（建設協力金、保証金の取扱い）
7　貸ビル業者等がビル等の賃貸借契約又は使用貸借契約（その予約を含む。）
　　をする際等に、当該ビル等の借受人等から建設協力金、保証金等として一定の
　　金銭を受領し、当該ビル等の賃貸借又は使用貸借契約期間に関係なく、一定期
　　間据置き後一括返還又は分割返還することを約する契約書は、第１号の３文書
　　（消費貸借に関する契約書）として取り扱う。
（貸付決定通知書等）
10　金銭の借入申込みに対して貸し付けることを決定し、その旨を記載して当該
　　申込者へ交付する貸付決定通知書等と称する文書は、第１号の３文書（消費貸
　　借に関する契約書）に該当する。

第１号の４文書
| 運送に関する契約書（傭船契約書を含む。） |

（貨物受取書）

3　運送業者が貨物運送の依頼を受けた場合に依頼人に交付する貨物受取書のうち、貨物の品名、数量、運賃、積み地、揚げ地等具体的な運送契約の成立を記載証明したものは、第1号の4文書（運送に関する契約書）とし、単に物品の受領の事実を記載証明しているにすぎないものは、第1号の4文書に該当しないものとして取り扱う。

第2号文書

| 請負に関する契約書 |

（請負に関する契約書と物品又は不動産の譲渡に関する契約書との判別）

2　いわゆる製作物供給契約書のように、請負に関する契約書と物品の譲渡に関する契約書又は不動産の譲渡に関する契約書との判別が明確にできないものについては、契約当事者の意思が仕事の完成に重きをおいているか、物品又は不動産の譲渡に重きをおいているかによって、そのいずれであるかを判別するものとする。

なお、その具体的な取扱いは、おおむね次に掲げるところによる。

(1)　注文者の指示に基づき一定の仕様又は規格等に従い、製作者の労務により工作物を建設することを内容とするもの　　請負に関する契約書

　（例）　家屋の建築、道路の建設、橋りょうの架設

(2)　製作者が工作物をあらかじめ一定の規格で統一し、これにそれぞれの価格を付して注文を受け、当該規格に従い工作物を建設し、供給することを内容とするもの　　不動産又は物品の譲渡に関する契約書

　（例）　建売り住宅の供給（不動産の譲渡に関する契約書）

(3)　注文者が材料の全部又は主要部分を提供（有償であると無償であるとを問わない。）し、製作者がこれによって一定物品を製作することを内容とするもの　　請負に関する契約書

　（例）　生地提供の洋服仕立て、材料支給による物品の製作

(4)　製作者の材料を用いて注文者の設計又は指示した規格等に従い一定物品を製作することを内容とするもの　　請負に関する契約書

　（例）　船舶、車両、機械、家具等の製作、洋服等の仕立て

(5)　あらかじめ一定の規格で統一された物品を、注文に応じ製作者の材料を用いて製作し、供給することを内容とするもの　　物品の譲渡に関する契約書

　（例）　カタログ又は見本による機械、家具等の製作

(6)　一定の物品を一定の場所に取り付けることにより所有権を移転することを内容とするもの　　請負に関する契約書

　（例）　大型機械の取付け

　　　　　　ただし、取付行為が簡単であって、特別の技術を要しないもの

　　　　物品の譲渡に関する契約書

　（例）　家庭用電気器具の取付け

(7)　修理又は加工することを内容とするもの

　　　請負に関する契約書

　（例）　建物、機械の修繕、塗装、物品の加工

第 7 号文書

継続的取引の基本となる契約書（契約期間の記載のあるもののうち、当該契約
期間が3月以内であり、かつ、更新に関する定めのないものを除く。）

（契約期間の記載のあるもののうち、当該契約期間が 3 月以内であるものの意義）

1 「契約期間の記載のあるもののうち、当該契約期間が三月以内であるもの」
とは、当該文書に契約期間が具体的に記載されていて、かつ、当該期間が 3 か
月以内であるものをいう。

（継続的取引の基本となる契約書で除外されるもの）

2 令第26条《継続的取引の基本となる契約書の範囲》の規定に該当する文書で
あっても、当該文書に記載された契約期間が 3 か月以内で、かつ、更新に関す
る定めのないもの（更新に関する定めがあっても、当初の契約期間に更新後の
期間を加えてもなお 3 か月以内である場合を含むこととして取り扱う。）は、
継続的取引の基本となる契約書から除外されるが、当該文書については、その
内容によりその他の号に該当するかどうかを判断する。

（営業者の間の意義）

3 令第26条第 1 号に規定する「営業者の間」とは、契約の当事者の双方が営業
者である場合をいい、営業者の代理人として非営業者が契約の当事者となる場
合を含む。
　なお、他の者から取引の委託を受けた営業者が当該他の者のために第三者と
行う取引も営業者の間における取引に含まれるものであるから留意する。

（2 以上の取引の意義）

4 令第26条第 1 号に規定する「二以上の取引」とは、契約の目的となる取引が
2 回以上継続して行われることをいう。

**（目的物の種類、取扱数量、単価、対価の支払方法、債務不履行の場合の損害賠
償の方法又は再販売価格を定めるものの意義）**

5 令第26条第 1 号に規定する「目的物の種類、取扱数量、単価、対価の支払方
法、債務不履行の場合の損害賠償の方法又は再販売価格を定めるもの」とは、
これらのすべてを定めるもののみをいうのではなく、これらのうちの 1 又は 2
以上を定めるものをいう。

**（売買、売買の委託、運送、運送取扱い又は請負に関する 2 以上の取引を継続し
て行うため作成される契約書の意義）**

6 令第26条第 1 号に規定する「売買、売買の委託、運送、運送取扱い又は請負
に関する 2 以上の取引を継続して行うため作成される契約書」とは、例えば売
買に関する取引を引き続き 2 回以上行うため作成される契約書をいい、売買の
目的物の引渡し等が数回に分割して行われるものであっても、当該取引が 1 取
引である場合の契約書は、これに該当しない。
　なお、エレベーター保守契約、ビル清掃請負契約等、通常、月等の期間を単
位として役務の提供等の債務の履行が行われる契約については、料金等の計算
の基礎となる期間 1 単位ごと又は支払の都度ごとに 1 取引として取り扱う。

（売買の委託及び売買に関する業務の委託の意義）

7 令第26条第 1 号に規定する「売買の委託」とは、特定の物品等を販売し又は
購入することを委託することをいい、同条第 2 号に規定する「売買に関する業

務の委託」とは、売買に関する業務の一部又は全部を委託することをいう。

（目的物の種類の意義）

8　令第26条第1号に規定する「目的物の種類」とは、取引の対象の種類をいい、その取引が売買である場合には売買の目的物の種類が、請負である場合には仕事の種類・内容等がこれに該当する。

　　また、当該目的物の種類には、例えばテレビ、ステレオ、ピアノというような物品等の品名だけでなく、電気製品、楽器というように共通の性質を有する多数の物品等を包括する名称も含まれる。

（取扱数量を定めるものの意義）

9　令第26条第1号に規定する「取扱数量を定めるもの」とは、取扱量として具体性を有するものをいい、一定期間における最高又は最低取扱（目標）数量を定めるもの及び金額により取扱目標を定める場合の取扱目標金額を定めるものを含む。したがって、例えば「1か月の最低取扱数量は50トンとする。」、「1か月の取扱目標金額は100万円とする。」とするものはこれに該当するが、「毎月の取扱数量は当該月の注文数量とする。」とするものは該当しない。

　㊟　取扱目標金額を記載した契約書は、記載金額のある契約書にも該当するのであるから留意する。

（単価の意義）

10　令第26条第1号に規定する「単価」とは、数値として具体性を有するものに限る。したがって、例えば「市価」、「時価」等とするものはこれに該当しない。

（対価の支払方法の意義）

11　令第26条第1号、第2号及び第4号に規定する「対価の支払方法を定めるもの」とは、「毎月分を翌月10日に支払う。」、「60日手形で支払う。」、「借入金と相殺する。」等のように、対価の支払に関する手段方法を具体的に定めるものをいう。

（債務不履行の場合の損害賠償の方法の意義）

12　令第26条第1号及び第4号に規定する「債務不履行の場合の損害賠償の方法」とは、債務不履行の結果生ずべき損害の賠償として給付されるものの金額、数量等の計算、給付の方法等をいい、当該不履行となった債務の弁済方法をいうものではない。

（ガスの供給の意義）

13　令第26条第1号に規定する「ガスの供給」とは、ガス事業者等が都市ガス、プロパンガス等の燃料用ガスを導管、ボンベ、タンクローリー等により消費者に継続して供給することをいう。

（委託される業務又は事務の範囲又は対価の支払方法を定めるものの意義）

16　令第26条第2号に規定する「委託される業務又は事務の範囲又は対価の支払方法を定めるもの」とは、これらのすべてを定めるもののみをいうのではなく、これらのうちの1又は2以上を定めるものをいう。

第13号文書

債務の保証に関する契約書（主たる債務の契約書に併記したものを除く。）

（主たる債務の契約書に併記した債務の保証に関する契約書）

3　主たる債務の契約書に併記した債務の保証に関する契約書は、当該主たる債務の契約書が課税文書に該当しない場合であっても課税文書とはならない。

　なお、主たる債務の契約書に併記した保証契約を変更又は補充する契約書及び契約の申込文書に併記した債務の保証契約書は、第13号文書（債務の保証に関する契約書）に該当するのであるから留意する。

第14号文書

金銭又は有価証券の寄託に関する契約書

（預り証等）

2　金融機関の外務員が、得意先から預金として金銭を受け入れた場合又は金融機関の窓口等で預金通帳の提示なしに預金を受け入れた場合に、当該受入れ事実を証するために作成する「預り証」、「入金取次票」等と称する文書で、当該金銭を保管する目的で受領するものであることが明らかなものは、第14号文書（金銭の寄託に関する契約書）として取り扱う。

　なお、金銭の受領事実のみを証明目的とする「受取書」、「領収証」等と称する文書で、受領原因として単に預金の種類が記載されているものは、第17号文書（金銭の受取書）として取り扱う。

（敷金の預り証）

3　家屋等の賃貸借に当たり、家主等が受け取る敷金について作成する預り証は、第14号文書（金銭の寄託に関する契約書）としないで、第17号文書（金銭の受取書）として取り扱う。

第17号文書

1　売上代金に係る金銭又は有価証券の受取書
2　金銭又は有価証券の受取書で1に掲げる受取書以外のもの

（金銭又は有価証券の受取書の意義）

1　「金銭又は有価証券の受取書」とは、金銭又は有価証券の引渡しを受けた者が、その受領事実を証明するため作成し、その引渡者に交付する単なる証拠証書をいう。

　(注)　文書の表題、形式がどのようなものであっても、また「相済」、「完了」等の簡略な文言を用いたものであっても、その作成目的が当事者間で金銭又は有価証券の受領事実を証するものであるときは、第17号文書（金銭又は有価証券の受取書）に該当するのであるから留意する。

（受取書の範囲）

2　金銭又は有価証券の受取書は、金銭又は有価証券の受領事実を証明するすべてのものをいい、債権者が作成する債務の弁済事実を証明するものに限らないのであるから留意する。

（仮受取書）

3　仮受取書等と称するものであっても、金銭又は有価証券の受領事実を証明するものは、第17号文書（金銭又は有価証券の受取書）に該当する。

(振込済みの通知書等)

4 売買代金等が預貯金の口座振替又は口座振込みの方法により債権者の預貯金口座に振り込まれた場合に、当該振込みを受けた債権者が債務者に対して預貯金口座への入金があった旨を通知する「振込済みのお知らせ」等と称する文書は、第17号文書（金銭の受取書）に該当する。

(受領事実の証明以外の目的で作成される文書)

5 金銭又は有価証券の受取書は、その作成者が金銭又は有価証券の受領事実を証明するために作成するものをいうのであるから、文書の内容が間接的に金銭又は有価証券の受領事実を証明する効果を有するものであっても、作成者が受領事実の証明以外の目的で作成したもの（例えば手形割引料計算書、預金払戻請求書等）は、第17号文書（金銭又は有価証券の受取書）に該当しない。

(受取金引合通知書、入金記帳案内書)

6 従業員が得意先において金銭を受領した際に受取書を交付し、又は判取帳若しくは通帳にその受領事実を証明し、その後において事業者が受取引合通知書又は入金記帳案内書等を発行した場合における当該通知書又は案内書等で、当該金銭の受領事実を証明するものは、第17号文書（金銭の受取書）に該当するものとして取り扱う。

(入金通知書、当座振込通知書)

7 銀行が被振込人に対し交付する入金通知書、当座振込通知書又は当座振込報告書等は、課税文書に該当しない。

なお、被振込人あてのものであっても、振込人に対して交付するものは、第17号文書（金銭の受取書）に該当することに留意する。

(銀行間で作成する手形到着報告書)

8 手形取立ての依頼をした仕向け銀行が被仕向け銀行にその手形を送付した場合に、被仕向け銀行が仕向け銀行に交付する手形到着報告書で、手形を受領した旨の記載があるものは、第17号文書（有価証券の受取書）に該当する。

(不渡手形受取書)

9 不渡手形を受け取った場合に作成する受取書は、第17号文書（有価証券の受取書）に該当する。

(現金販売の場合のお買上票等)

10 商店が現金で物品を販売した場合に買受人に交付するお買上票等と称する文書で、当該文書の記載文言により金銭の受領事実が明らかにされているもの又は金銭登録機によるもの若しくは特に当事者間において受取書としての了解があるものは、第17号文書（金銭の受取書）に該当するものとして取り扱う。

(支払通知書受領書等)

11 文書の受取書であるような形式をとる「支払通知書受領書」等と称する文書であっても、金銭又は有価証券の受領事実を証明するために作成するものは、第17号文書（金銭又は有価証券の受取書）に該当する。

また、金銭等の支払者が作成するような形式をとる「支払通知書控」等と称する文書であっても、金銭又は有価証券を受領するに際し、その受取人から支払人に交付する文書であることが明らかなものは、第17号文書（金銭又は有価証券の受取書）に該当する。

（資産を使用させることによる対価の意義）

12 「資産を使用させることによる対価」とは、例えば土地や建物の賃貸料、建設機械のリース料、貸付金の利息、著作権・特許権等の無体財産権の使用料等、不動産、動産、無体財産権その他の権利を他人に使わせることの対価をいう。

　なお、債務不履行となった場合に発生する遅延利息は、これに含まれないのであるから留意する。

（資産に係る権利を設定することによる対価の意義）

13 「資産に係る権利を設定することによる対価」とは、例えば家屋の賃貸借契約に当たり支払われる権利金のように、資産を他人に使用させるに当たり、当該資産について設定される権利の対価をいう。

　なお、家屋の賃貸借契約に当たり支払われる敷金、保証金等と称されるものであっても、後日返還されないこととされている部分がある場合には、当該部分は、これに含まれるのであるから留意する。

（役務を提供することによる対価の意義）

14 「役務を提供することによる対価」とは、例えば、土木工事、修繕、運送、保管、印刷、宿泊、広告、仲介、興行、技術援助、情報の提供等、労務、便益その他のサービスを提供することの対価をいう。

（対価の意義等）

15 「対価」とは、ある給付に対する反対給付の価格をいう。したがって、反対給付に該当しないもの、例えば、借入金、担保物（担保有価証券、保証金、証拠金等）、寄託物（寄託有価証券、預貯金等）、割戻金、配当金、保険金、損害賠償金（遅延利息及び違約金を含む。）、各種補償金、出資金、租税等の納付受託金、賞金、各種返還金等は、売上代金に該当しないのであるから留意する。

（債券の意義）

16 令第28条《売上代金に該当しない対価の範囲等》第2項第1号に規定する「債券」とは、起債に係る債券をいうのであって、その権利の表示方法がいわゆる現物債であると登録債又は振替債であるとを問わない。

（為替取引における送金資金の受取書の意義）

17 令第28条第3項に規定する「為替取引における送金資金の受取書」とは、例えば、電信送金の依頼を受けた銀行が送金依頼人に対し作成交付する送金資金の受取書をいう。

（有価証券の受取書の記載金額）

18 小切手等の有価証券を受け取る場合の受取書で、受取に係る金額の記載があるものについては当該金額を、また、第17号の2文書に該当する有価証券の受取書で、受取に係る金額の記載がなく当該有価証券の券面金額の記載があるものについては当該金額を、それぞれ記載金額として取り扱う。

　なお、売上代金に係る有価証券の受取書について通則4のホの㈢の規定が適用される場合は、当該規定に定めるところによるのであるから留意する。

（共同企業体と構成員の間で作成する受取書）

19 共同施工方式（構成員が資金、労務、機械等を出資し、合同計算により工事等を共同施工する方式）をとる共同企業体とその構成員との間において金銭等を授受する場合に作成する受取書の取扱いは、次による。

(1)　共同企業体が作成する受取書
　　イ　出資金（費用分担金と称するものを含む。）を受け取る場合に作成する受取書は、営業に関しないものとして取り扱う。
　　ロ　構成員に金銭等の受領を委託し、構成員から当該委託に基づく金銭等を受け取る場合に作成する受取書は、金銭等を受け取る原因が売上代金であるかどうかにより、第17号の１文書（売上代金に係る金銭又は有価証券の受取書）又は17号の２文書（売上代金以外の金銭又は有価証券の受取書）に該当する。
(2)　構成員が作成する受取書
　　イ　利益分配金又は出資金の返れい金を受け取る場合に作成する受取書は、17号の２文書（売上代金以外の金銭又は有価証券の受取書）に該当する。
　　ロ　共同企業体から金銭等の支払の委託を受けた構成員が、当該委託に基づく金銭等を受け取る場合に作成する受取書は、金銭等を支払う原因が売上代金であるかどうかにより、第17号の１文書（売上代金に係る金銭又は有価証券の受取書）又は第17号の２文書（売上代金以外の金銭又は有価証券の受取書）に該当する。

（相殺の事実を証明する領収書）
20　売掛金等と買掛金等とを相殺する場合において作成する領収書等と表示した文書で、当該文書に相殺による旨を明示しているものについては、第17号文書（金銭の受取書）に該当しないものとして取り扱う。
　　また、金銭又は有価証券の受取書に相殺に係る金額を含めて記載してあるものについては、当該文書の記載事項により相殺に係るものであることが明らかにされている金額は、記載金額として取り扱わないものとする。

（利益金又は剰余金の分配をすることができる法人）
21　「会社以外の法人で、法令の規定又は定款の定めにより利益金又は剰余金の配当又は分配をすることができることとなっているもの」には、おおむね次に掲げる法人がこれに該当する。
(1)　貸家組合、貸家組合連合会
(2)　貸室組合、貸室組合連合会
(3)　事業協同組合、事業協同組合連合会
(4)　事業協同小組合、事業協同小組合連合会
(5)　火災共済協同組合、火災共済協同組合連合会
(6)　信用協同組合、信用協同組合連合会
(7)　企業組合
(8)　協業組合
(9)　塩業組合
(10)　消費生活協同組合、消費生活協同組合連合会
(11)　農林中央金庫
(12)　信用金庫、信用金庫連合会
(13)　労働金庫、労働金庫連合会
(14)　商店街振興組合、商店街振興組合連合会
(15)　船主相互保険組合

(16)　輸出水産業協同組合

(17)　漁業協同組合、漁業協同組合連合会

(18)　漁業生産組合

(19)　水産加工業協同組合、水産加工業協同組合連合会

(20)　共済水産業協同組合連合会

(21)　森林組合、森林組合連合会

(22)　蚕糸組合

(23)　農業協同組合、農業協同組合連合会

(24)　農事組合法人

(25)　貿易連合

(26)　相互会社

(27)　輸出組合（出資のあるものに限る。以下同じ。）、輸入組合

(28)　商工組合、商工組合連合会

(29)　生活衛生同業組合、生活衛生同業組合連合会

(注)　ここに掲げる以外の法人については、当該法人に係る法令の規定又は定款の定めにより判断する必要がある。

（公益法人が作成する受取書）

22　公益法人が作成する受取書は、収益事業に関して作成するものであっても、営業に関しない受取書に該当する。

（人格のない社団の作成する受取書）

23　公益及び会員相互間の親睦等の非営利事業を目的とする人格のない社団が作成する受取書は、営業に関しない受取書に該当するものとし、その他の人格のない社団が収益事業に関して作成する受取書は、営業に関しない受取書に該当しないものとする。

（農業従事者等が作成する受取書）

24　店舗その他これらに類する設備を有しない農業、林業又は漁業に従事する者が、自己の生産物の販売に関して作成する受取書は、営業に関しない受取書に該当する。

（医師等の作成する受取書）

25　医師、歯科医師、歯科衛生士、歯科技工士、保健師、助産師、看護師、あん摩・マッサージ・指圧師、はり師、きゅう師、柔道整復師、獣医師等がその業務上作成する受取書は、営業に関しない受取書として取り扱う。

（弁護士等の作成する受取書）

26　弁護士、弁理士、公認会計士、計理士、司法書士、行政書士、税理士、中小企業診断士、不動産鑑定士、土地家屋調査士、建築士、設計士、海事代理士、技術士、社会保険労務士等がその業務上作成する受取書は、営業に関しない受取書として取り扱う。

（法人組織の病院等が作成する受取書）

27　営利法人組織の病院等又は営利法人の経営する病院等が作成する受取書は、営業に関しない受取書に該当しない。

　　なお、医療法（昭和23年法律第205号）第39条に規定する医療法人が作成する受取書は、営業に関しない受取書に該当する。

（受取金額の記載中に営業に関するものと関しないものとがある場合）

28　記載金額が5万円以上の受取書であっても、内訳等で営業に関するものと関しないものとが明確に区分できるもので、営業に関するものが5万円未満のものは、記載金額5万円未満の受取書として取り扱う。

（租税過誤納金等の受取書）

29　国税及び地方税の過誤納金とこれに伴う還付加算金を受領（納税者等の指定する金融機関から支払を受ける場合を含む。）する際に作成する受取書は、課税しないことに取り扱う。

（返還を受けた租税の担保の受取書）

30　租税の担保として提供した金銭又は有価証券の返還を受ける際に作成する受取書は、課税しないことに取り扱う。

（返還された差押物件の受取書）

31　差押物件の返還を受ける際に作成する受取書は、課税しないことに取り扱う。

（株式払込金領収証又は株式申込受付証等）

32　株式払込金（株式申込証拠金を含む。）領収証又はこれに代えて発行する株式申込受付証並びに出資金領収証で、直接会社が作成するものは営業に関しない受取書に該当するものとし、募集及び払込取扱業者が作成するものは営業に関しない受取書に該当しないものとして取り扱う。

（災害義えん金の受取書）

33　新聞社、放送局等が、災害その他の義えん金の募集に関して作成する受取書は、課税しないことに取り扱う。

（取次票等）

34　金融機関が得意先から送金又は代金の取立て等の依頼を受け、金銭又は有価証券を受領した場合に作成する「取次票」、「預り証」等は、第17号文書（金銭又は有価証券の受取書）に該当するのであるから留意する。

（担保預り証書）

35　金銭又は有価証券を担保として受け入れたことを内容とする担保品預り証書等は、第17号文書（金銭又は有価証券の受取書）に該当するのであるから留意する。

第19号文書

> 第1号、第2号、第14号又は第17号に掲げる文書により証されるべき事項を付け込んで証明する目的をもって作成する通帳（前号に掲げる通帳を除く。）

（第19号文書の意義及び範囲）

1　第19号文書とは、課税物件表の第1号、第2号、第14号又は第17号の課税事項のうち1又は2以上を付け込み証明する目的で作成する通帳で、第18号文書に該当しないものをいい、これら以外の事項を付け込み証明する目的で作成する通帳は、第18号文書に該当するものを除き、課税文書に該当しないのであるから留意する。

（金銭又は有価証券の受取通帳）

2　金銭又は有価証券の受取事実を付け込み証明する目的で作成する受取通帳は、当該受領事実が営業に関しないもの又は当該付け込み金額のすべてが5万円未

満のものであっても、課税文書に該当するのであるから留意する。

第20号文書
判取帳
（判取帳の範囲）

1　「判取帳」とは、課税物件表の第1号、第2号、第14号又は第17号の課税事項につき2以上の相手方から付け込み証明を受ける目的をもって作成する帳簿をいうのであるから、これら以外の事項につき2以上の相手方から付け込み証明を受ける目的をもって作成する帳簿は、課税文書に該当しない。

（金銭又は有価証券の判取帳）

2　金銭又は有価証券の受領事実を付け込み証明する目的で作成する判取帳は、当該受領事実が営業に関しないもの又は当該付け込み金額のすべてが5万円未満であっても、課税文書に該当するのであるから留意する。

別表第2　重要な事項の一覧表

　　第12条《契約書の意義》、第17条《契約の内容の変更の意義等》、第18条《契約の内容の補充の意義等》及び第38条《追記又は付け込みの範囲》の「重要な事項」とは、おおむね次に掲げる文書の区分に応じ、それぞれ次に掲げる事項（それぞれの事項と密接に関連する事項を含む。）をいう。

> **1　第1号の1文書**
> **第1号の2文書のうち、地上権又は土地の賃借権の譲渡に関する契約書**
> **第15号文書のうち、債権譲渡に関する契約書**

(1)　目的物の内容
(2)　目的物の引渡方法又は引渡期日
(3)　契約金額
(4)　取扱数量
(5)　単価
(6)　契約金額の支払方法又は支払期日
(7)　割戻金等の計算方法又は支払方法
(8)　契約期間
(9)　契約に付される停止条件又は解除条件
(10)　債務不履行の場合の損害賠償の方法

> **2　第1号の2文書のうち、地上権又は土地の賃借権の設定に関する契約書**

(1)　目的物又は被担保債権の内容
(2)　目的物の引渡方法又は引渡期日
(3)　契約金額又は根抵当権における極度金額
(4)　権利の使用料
(5)　契約金額又は権利の使用料の支払方法又は支払期日
(6)　権利の設定日若しくは設定期間又は根抵当権における確定期日
(7)　契約に付される停止条件又は解除条件
(8)　債務不履行の場合の損害賠償の方法

3　第1号の3文書

(1)　目的物の内容
(2)　目的物の引渡方法又は引渡期日
(3)　契約金額（数量）
(4)　利率又は利息金額
(5)　契約金額（数量）又は利息金額の返還（支払）方法又は返還（支払）期日
(6)　契約期間
(7)　契約に付される停止条件又は解除条件
(8)　債務不履行の場合の損害賠償の方法

4　第1号の4文書
　第2号文書

(1)　運送又は請負の内容（方法を含む。）
(2)　運送又は請負の期日又は期限
(3)　契約金額
(4)　取扱数量
(5)　単価
(6)　契約金額の支払方法又は支払期日
(7)　割戻金等の計算方法又は支払方法
(8)　契約期間
(9)　契約に付される停止条件又は解除条件
(10)　債務不履行の場合の損害賠償の方法

5　第7号文書

(1)　令第26条《継続的取引の基本となる契約書の範囲》各号に掲げる区分に応じ、当該各号に掲げる要件
(2)　契約期間（令第26条各号に該当する文書を引用して契約期間を延長するものに限るものとし、当該延長する期間が3か月以内であり、かつ、更新に関する定めのないものを除く。）

6　第12号文書

(1)　目的物の内容
(2)　目的物の運用の方法
(3)　収益の受益者又は処分方法
(4)　元本の受益者
(5)　報酬の金額
(6)　報酬の支払方法又は支払期日
(7)　信託期間
(8)　契約に付される停止条件又は解除条件
(9)　債務不履行の場合の損害賠償の方法

7　第13号文書

(1)　保証する債務の内容
(2)　保証の種類

(3) 保証期間
(4) 保証債務の履行方法
(5) 契約に付される停止条件又は解除条件

8 第14号文書
(1) 目的物の内容
(2) 目的物の数量（金額）
(3) 目的物の引渡方法又は引渡期日
(4) 契約金額
(5) 契約金額の支払方法又は支払期日
(6) 利率又は利息金額
(7) 寄託期間
(8) 契約に付される停止条件又は解除条件
(9) 債務不履行の場合の損害賠償の方法

9 第15号文書のうち、債務引受けに関する契約書
(1) 目的物の内容
(2) 目的物の数量（金額）
(3) 目的物の引受方法又は引受期日
(4) 契約に付される停止条件又は解除条件
(5) 債務不履行の場合の損害賠償の方法

【消費税法の改正等に伴う印紙税の取扱いについて】

（平成元年3月10日間消3-2、最終改正令和元年課消4-55）
　標題のことについては、下記によることとしたから、留意されたい。
（理由）　所得税法及び消費税法の一部を改正する法律（平成6年法律第109号）及び地方税法等の一部を改正する法律（平成6年法律第111号）の施行に伴い、消費税及び地方消費税の金額が区分記載されている場合の印紙税の記載金額等の取扱いを定めるものである。
記

1　契約書等の記載金額
　印紙税法（昭和42年法律第23号。以下「法」という。）別表第1の課税物件表の課税物件欄に掲げる文書のうち、次の文書に消費税及び地方消費税の金額（以下「消費税額等」という。）が区分記載されている場合又は税込価格及び税抜価格が記載されていることにより、その取引に当たって課されるべき消費税額等が明らかである場合には、消費税額等は記載金額（法別表第1の課税物件表の適用に関する通則4に規定する記載金額をいう。以下同じ。）に含めないものとする。
(1) 第1号文書（不動産の譲渡等に関する契約書）
(2) 第2号文書（請負に関する契約書）
(3) 第17号文書（金銭又は有価証券の受取書）
　(注)1　「消費税額等が区分記載されている」とは、その取引に当たって課さ

れるべき消費税額等が具体的に記載されていることをいい、次のいずれ
もこれに該当することに留意する。
　イ　請負金額　1,100万円
　　　税抜価格　1,000万円　消費税額等　100万円
　ロ　請負金額　1,100万円
　　　うち消費税額等　100万円
　ハ　請負金額　1,000万円
　　　消費税額等　100万円　計1,100万円
　2　「税込価格及び税抜価格が記載されていることにより、その取引に当
　　たって課されるべき消費税額等が明らかである」とは、その取引に係る
　　消費税額等を含む金額と消費税額等を含まない金額の両方を具体的に記
　　載していることにより、その取引に当たって課されるべき消費税額等が
　　容易に計算できることをいい、次の場合がこれに該当することに留意す
　　る。
　　　請負金額　1,100万円
　　　税抜価格　1,000万円
2　みなし作成の適用
　　第19号文書（第1号、第2号、第14号又は第17に掲げる文書により証され
　るべき事項を付け込んで証明する目的をもって作成する通帳）又は第20号文書
　（判取帳）について、法第4条第4項《課税文書の作成とみなす場合》の規定
　が適用されるかどうかについては、1《契約書等の記載金額》の規定が適用さ
　れる場合には、消費税額等を含めない金額で判定するものとする。
　　なお、消費税額等だけが付け込まれた場合は、同項の規定の適用はないもの
　とする。
3　消費税額等のみが記載された金銭又は有価証券の受取書
　　消費税額等のみを受領した際に交付する金銭又は有価証券の受取書について
　は、記載金額のない第17号の2文書（売上代金以外の金銭又は有価証券の受取
　書）とする。
　　ただし、当該消費税額等が5万円未満である場合は、非課税文書に該当する
　ものとして取り扱う。
4　地方消費税が課されない取引
　　1から3に規定する文書のうち、その取引に地方消費税が課されないものに
　ついては、なお従前の例による。

【租税特別措置法（間接諸税関係）の取扱いについて（法令解釈通達）の発遣について（抄）】

第5章　印紙税の税率軽減等措置関係
第2節　（租特法第91条《不動産の譲渡に関する契約書等に係る印紙税の税率の特例》関係

（「建設業法第2条第1項に規定する建設工事」の意義）

1　租特法第91条《不動産の譲渡に関する契約書等に係る印紙税の税率の特例》に規定する「建設業法（昭和24年法律第100号）第2条第1項《定義》に規定する建設工事（以下「建設工事」という。）」とは、同法別表第1の上欄に掲げるそれぞれの工事をいうが、当該工事の内容は、昭和47年建設省告示第350号（建設業法第2条第1項の別表の上欄に掲げる建設工事の内容）に定められているので留意する。

　(注)　建築物等の設計は、建設工事に該当しない。

（「契約書に記載された契約金額」の意義）

2　租特法第91条に規定する「契約書に記載された契約金額」とは、通則4に規定する記載金額をいう。

（税率軽減措置の対象となる契約書の範囲）

3　租特法第91条の規定による税率軽減措置の対象となる文書に該当するか否かの判定に当たっては、次の点に留意する。

　(注)　文書の所属の決定及び記載金額の計算は、通則の規定により行うことに留意する。

　(1)　次に掲げる契約書は租特法第91条の規定が適用される。

　　イ　不動産の譲渡に関する契約書と当該契約書以外の課税物件表の第1号の物件名の欄1から4に掲げる契約書とに該当する一の文書で、記載金額が10万円を超えるもの

　　　(例)　建物及び定期借地権売買契約書（不動産の譲渡に関する契約書と土地の賃借権の譲渡に関する契約書）

　　ロ　建設工事の請負に係る契約に基づき作成される請負に関する契約書と建設工事以外の請負に関する契約書とに該当する一の文書で、記載金額が100万円を超えるもの

　　　(例)　建物建設及び建物設計請負契約書

　(2)　不動産の譲渡又は建設工事の請負に係る契約に関して作成される文書であっても、不動産の譲渡に関する契約書又は建設工事の請負に係る契約に基づき作成される請負に関する契約書に該当しないものは、租特法第91条の規定は適用されない。

　　(例)

　　　1　不動産の譲渡代金又は建設工事代金の支払のために振り出す課税物件表の第3号に掲げる約束手形

　　　2　不動産の譲渡代金又は建設工事代金を受領した際に作成する課税物件表の第17号に掲げる売上代金に係る金銭又は有価証券の受取書

【建設業法（抜粋）】

（定義）

第2条 この法律において「建設工事」とは、土木建築に関する工事で別表第一の上欄に掲げるものをいう。

2 この法律において「建設業」とは、元請、下請その他いかなる名義をもってするかを問わず、建設工事の完成を請け負う営業をいう。

3 この法律において「建設業者」とは、第三条第一項の許可を受けて建設業を営む者をいう。

4 この法律において「下請契約」とは、建設工事を他の者から請け負った建設業を営む者と他の建設業を営む者との間で当該建設工事の全部又は一部について締結される請負契約をいう。

5 この法律において「発注者」とは、建設工事（他の者から請け負ったものを除く。）の注文者をいい、「元請負人」とは、下請契約における注文者で建設業者であるものをいい、「下請負人」とは、下請契約における請負人をいう。

別表第一

土木一式工事	土木工事業
建築一式工事	建築工事業
大工工事	大工工事業
左官工事	左官工事業
とび・土工・コンクリート工事	とび・土工工事業
石工事	石工事業
屋根工事	屋根工事業
電気工事	電気工事業
管工事	管工事業
タイル・れんが・ブロック工事	タイル・れんが・ブロック工事業
鋼構造物工事	鋼構造物工事業
鉄筋工事	鉄筋工事業
舗装工事	舗装工事業
しゅんせつ工事	しゅんせつ工事業
板金工事	板金工事業
ガラス工事	ガラス工事業
塗装工事	塗装工事業
防水工事	防水工事業
内装仕上工事	内装仕上工事業
機械器具設置工事	機械器具設置工事業
熱絶縁工事	熱絶縁工事業

電気通信工事	電気通信工事業
造園工事	造園工事業
さく井工事	さく井工事業
建具工事	建具工事業
水道施設工事	水道施設工事業
消防施設工事	消防施設工事業
清掃施設工事	清掃施設工事業
解体工事	解体工事業

【建設業法第2条第1項の別表の上欄に掲げる建設工事の内容】

建設業法（昭和24年法律第100号）第2条第1項の別表の上欄に掲げる建設工事の内容を次のとおり告示する。ただし、その効力は昭和47年4月1日から生ずるものとする。

建設工事の種類	建　　設　　工　　事　　の　　内　　容
土木一式工事	総合的な企画、指導、調整のもとに土木工作物を建設する工事（補修、改造又は解体する工事を含む。以下同じ。）
建築一式工事	総合的な企画、指導、調整のもとに建築物を建設する工事
大工工事	木材の加工又は取付けにより工作物を築造し、又は工作物に木製設備を取付ける工事
左官工事	工作物に壁土、モルタル、漆くい、プラスター、繊維等をこて塗り、吹付け、又ははり付ける工事
とび・土工・コンクリート工事	イ　足場の組立て、機械器具・建設資材等の重量物の運搬配置、鉄骨等の組立て等を行う工事 ロ　くい打ち、くい抜き及び場所打ぐいを行う工事 ハ　土砂等の掘削、盛上げ、締固め等を行う工事 ニ　コンクリートにより工作物を築造する工事 ホ　その他基礎的ないしは準備的工事
石工事	石材（石材に類似のコンクリートブロック及び擬石を含む。）の加工又は積方により工作物を築造し、又は工作物に石材を取付ける工事
屋根工事	瓦、スレート、金属薄板等により屋根をふく工事
電気工事	発電設備、変電設備、送配電設備、構内電気設備等を設置する工事
管工事	冷暖房、冷凍冷蔵、空気調和、給排水、衛生等のための設備を設置し、又は金属製等の管を使用して水、油、ガス、水蒸気等を送配するための設備を設置する工事

タイル・れんが・ブロック工事	れんが、コンクリートブロック等により工作物を築造し、又は工作物にれんが、コンクリートブロック、タイル等を取付け、又ははり付ける工事
鋼構造物工事	形鋼、鋼板等の鋼材の加工又は組立てにより工作物を築造する工事
鉄筋工事	棒鋼等の鋼材を加工し、接合し、又は組立てる工事
舗装工事	道路等の地盤面をアスファルト、コンクリート、砂、砂利、砕石等により舗装する工事
しゅんせつ工事	河川、港湾等の水底をしゅんせつする工事
板金工事	金属薄板等を加工して工作物に取付け、又は工作物に金属製等の付属物を取付ける工事
ガラス工事	工作物にガラスを加工して取付ける工事
塗装工事	塗料、塗材等を工作物に吹付け、塗付け、又ははり付ける工事
防水工事	アスファルト、モルタル、シーリング材等によって防水を行う工事
内装仕上工事	木材、石膏ボード、吸音板、壁紙、たたみ、ビニール床タイル、カーペット、ふすま等を用いて建築物の内装仕上げを行う工事
機械器具設置工事	機械器具の組立て等により工作物を建設し、又は工作物に機械器具を取付ける工事
熱絶縁工事	工作物又は工作物の設備を熱絶縁する工事
電気通信工事	有線電気通信設備、無線電気通信設備、放送機械設備、データ通信設備等の電気通信設備を設置する工事
造園工事	整地、樹木の植栽、景石のすえ付け等により庭園、公園、緑地等の苑地を築造し、道路、建築物の屋上等を緑化し、又は植生を復元する工事
さく井工事	さく井機械等を用いてさく孔、さく井を行う工事又はこれらの工事に伴う揚水設備設置等を行う工事
建具工事	工作物に木製又は金属製の建具等を取付ける工事
水道施設工事	上水道、工業用水道等のための取水、浄水、配水等の施設を築造する工事又は公共下水道若しくは流域下水道の処理設備を設置する工事
消防施設工事	火災警報設備、消火設備、避難設備若しくは消火活動に必要な設備を設置し、又は工作物に取付ける工事
清掃施設工事	し尿処理施設又はごみ処理施設を設置する工事
解体工事	工作物の解体を行う工事

〔五十音別文例索引〕

《た行》

〔**参考図書名等**〕

「印紙税の手引き」（国税庁発行パンフレット）

「印紙税法基本通達逐条解説」（大蔵財務協会発行）

「問答式　実務印紙税」（大蔵財務協会発行）

「よくわかる印紙税の本」（大蔵財務協会発行）

【著者紹介】

日比野 享（ひびの とおる）

（略歴）

　昭和48年4月名古屋国税局採用

　平成3年6月まで税務署間税部門職員として、間接諸税（主に物品税・印紙税等）の課税事務に従事。

　平成3年7月の国税庁機構改革により、法人課税事務に従事するもその中で、名古屋国税局課税第二部調査部門（諸税担当）、税務署法人特官（諸税担当）として、主に印紙税の調査事務に従事。

　平成24年7月から名古屋国税局総務部電話相談室において、主として印紙税、消費税の相談事務に従事。

　その後、平成27年7月から税務署法人特官部門（諸税担当）において、再度印紙税調査に主に従事し、平成30年3月に退職、同年6月に税理士登録し開業。

　令和元年5月に社員税理士に登録変更し、税理士法人丸の内中央総合事務所瀬戸支店長に就任し、現在に至る。

その文書 ここがポイント印紙税

令和2年1月31日　初版印刷
令和2年2月18日　初版発行

著　者　　日　比　野　　享

（一財）大蔵財務協会　理事長
発行者　　木　村　幸　俊

発行所　　　一般財団法人　大蔵財務協会
〔郵便番号 130-8585〕
東京都墨田区東駒形1丁目14番1号
（販　売　部）TEL03(3829)4141・FAX03(3829)4001
（出版編集部）TEL03(3829)4142・FAX03(3829)4005
URL　http://www.zaikyo.or.jp

落丁・乱丁はお取替えいたします。　　　　　　　　　印刷　三松堂株式会社
ISBN978-4-7547-2745-1